aproveite cada sanduíche

FONTANAR

DR. LEE LIPSENTHAL

aproveite cada sanduíche

E VIVA CADA DIA COMO SE FOSSE O ÚLTIMO

Tradução
Michele Vartuli

FONTANAR

Esta tradução é publicada em acordo com a Crown Archetype, um selo da Crown Publishing Group, uma divisão da Random House, Inc.

Editora Objetiva Ltda.
Rua Cosme Velho, 103
Rio de Janeiro — RJ — Cep: 22241-090
Tel.: (21) 2199-7824 — Fax: (21) 2199-7825
www.objetiva.com.br

Título original
Enjoy every sandwich

Capa
Luciana Gobbo sobre design original de Jessie Sayward Bright

Imagem de capa
Digital Vision/Getty Images

Revisão
Ana Grillo
Bruno Fiuza
Talita Papoula

Editoração eletrônica
Abreu's System Ltda.

PRISA EDIÇÕES

CIP-BRASIL. CATALOGAÇÃO-NA-FONTE
SINDICATO NACIONAL DOS EDITORES DE LIVROS, RJ

L744a

Lipsenthal, Lee
Aproveite cada sanduíche : e viva cada dia como se fosse o último / dr. Lee Lipsenthal ; tradução Michele Vartuli. - Rio de Janeiro : Objetiva, 2012.

Tradução de: *Enjoy every sandwich*
175p. ISBN 978-85-390-0338-9

1. Câncer - Pacientes - Estados Unidos - Biografia. 2. Médicos - Estados Unidos - Biografia. I. Título.

12-1104 CDD: 926.16994
CDU: 929:616-006.6

A meus amigos e parentes,
que fizeram essa viagem valer a pena,
e a todos que me mantiveram vivo ao longo dessa jornada.

E, acima de tudo, a Kathy,
que me acompanhou em todos os passos difíceis ao longo
dos últimos trinta anos, que me abraçou todas as noites,
e cujo amor transcende sua necessidade de privacidade.
Obrigado por me permitir contar nossa história.

Sumário

Prefácio

Imagine o impensável: você é um médico famoso e importante, tem uma esposa amorosa e dois filhos lindos, e fez uma diferença significativa na vida de muitos milhares de pessoas. O único grande desejo que ainda não realizou é ser um astro do rock, mas você está correndo atrás disso também.

Num piscar de olhos, sua vida é virada do avesso: seu médico diz que você tem um câncer com metástases e provavelmente terá menos de um ano de vida.

Todos sabemos que vamos morrer um dia; a taxa de mortalidade continua sendo de cem por cento, uma morte por pessoa. Mas não é algo em que pensamos com muita frequência, a menos que tenhamos contraído uma doença possivelmente fatal ou conheçamos alguém que passou por isso. No entanto, mesmo assim é difícil manter a consciência de nossa mortalidade.

Por exemplo, pessoas que sofreram um infarto recentemente fazem tudo o que seus médicos ou enfermeiros recomendam — mudam a dieta, se exercitam, param de fumar etc. — por um mês e meio, e depois voltam aos antigos hábitos e padrões de vida. Porque, para a maioria das pessoas, é aterrorizante demais lidar com a própria mortalidade.

Apesar disso, um aspecto fundamental de muitas tradições espirituais é um paradoxo maravilhoso: quanto mais conseguimos aceitar nossa mortalidade em vez de negá-la, tanto mais conseguimos viver de maneira mais completa e prazerosa. Quando algo abala profundamente nossa visão do mundo — como descobrir que você tem câncer e lhe resta somente um ano de vida —, isso altera radicalmente as ideias preconcebidas e os paradigmas de sua vida.

Neste livro extraordinário, o Dr. Lee Lipsenthal compartilha conosco sua jornada transformadora. Profundamente pessoal, mas universal em seu âmbito, seu relato descreve com eloquência como a aceitação da morte é intensamente esclarecedora, ajudando-nos a entender, a realmente *saber* com cada célula, cada fibra do nosso ser, o que importa e o que não importa; como queremos passar nosso tempo precioso, fazendo o quê, e com quem. Ele não fala só de como morrer pacífica e graciosamente; mais importante que isso, ele descreve como viver plenamente.

Como ele diz no livro, "viver plenamente [...] não tem nada a ver com a presença ou a ausência de uma doença". Ele descreve como a compaixão e o perdão não desculpam nem eximem o que outra pessoa pode ter feito para nos magoar, mas nos libertam do sofrimento — imediatamente, aqui e agora. E, quando conseguimos aplicar essa mesma compaixão a nós mesmos — acendendo uma luz na escuridão, abandonando a fúria e o julgamento —, isso nos liberta e liberta todos ao nosso redor. Quando uma pessoa periga ter só mais um ano de vida, por que perder tempo guardando mágoas e queixas? E aí nós percebemos: "E por que não aplicar essa mesma lógica nós mesmos?"

Como Quincy Jones disse, depois de sobreviver à ruptura de um aneurisma que lhe causou uma hemorragia no cérebro há muitos anos: "Viva cada dia como se fosse o último, e um dia você estará certo."

A consciência da morte põe nossos pés no chão. Ela nos ajuda a combater os comerciais, revistas, amigos e parentes bem-intencionados que dizem que ter e fazer mais é a receita para a felicidade duradoura, quando sabemos que não é bem assim.

As ideias preconcebidas limitam a percepção. É preciso ver para crer, mas muitas vezes só vemos aquilo em que acreditamos. Estudos comprovam que filtramos continuamente nossa percepção de como acreditamos que o mundo seja. Embora isso ajude a pôr em ordem nossas experiências, também as limita. As ideias preconcebidas podem levar ao tédio, por limitarem tão significativamente nossas experiências.

Grandes artistas e cientistas conseguem ver o mundo sem filtrá-lo com o véu de suas ideias preconcebidas e seus paradigmas. Eles literalmente veem e experimentam o mundo de uma forma nova, e então podem compartilhar sua visão com os outros, ajudando a transformar o mundo que nós percebemos. É isso que Lee faz aqui.

Confrontar a morte e aceitá-la pode destruir nossas ideias preconcebidas e abalar profundamente nossas crenças. Isso pode nos apavorar e nos oprimir, ou abrir as portas para maneiras novas e mais bonitas de viver e ser, que nos permitam experimentar nosso mundo de forma nova. Às vezes ambas as coisas. Pode até abrir nossa mente para experiências marcantes que não se encaixam na convencional visão científica do mundo, como Lee corajosamente relata.

Passei perto da morte quando estava na universidade, e isso mudou minha vida. Eu estava profundamente deprimido, a ponto de buscar ativamente o suicídio. No entanto, quando você aceita sua própria mortalidade, é fácil despencar para o niilismo: de que adianta, nada importa, grande coisa, quem está se lixando etc. Foi o que aconteceu comigo, e esse é um dos motivos de não pensarmos na nossa mortalidade com muita frequência.

Quando finalmente decidi continuar a viver, fiz a escolha consciente de viver tão plenamente quanto possível. Ter chegado tão perto quanto possível de me matar sem fazer isso — olhar para dentro desse abismo — foi libertador.

Decidi não confiar nos conselhos dos outros sobre como viver minha vida, pois fazer isso quase me matara. Então se tornou importante descobrir por mim mesmo, o que significava que eu iria levar uma vida tumultuada. Eu não queria sabedoria emprestada; eu queria *saber* a partir das minhas próprias experiências. Eu experimentaria muitas coisas, cometeria um monte de erros e aprenderia com eles. Aí eu saberia o que era verdade e o que não era. Qualquer sabedoria que eu adquirisse seria vivida, não emprestada. Como Joseph Campbell escreveu uma vez, "Eu não tenho fé, eu tenho experiência".

O que me ajudou a sobreviver foi me dar conta de que o antídoto do niilismo é criar significado em todos os aspectos da vida. Tornar cada ato sagrado é o que nos permite aproveitar mais plenamente a vida, ou, como Lee escreveu, "aproveitar cada sanduíche".

Na minha adolescência, achava que "sagrado" era sinônimo de "chato" — algo velho e seco, juntando mofo e poeira. Definitivamente *nada* divertido.

Agora entendo que "sagrado" é só outra maneira de descrever o que é *mais* especial e, portanto, o que é *mais* divertido, *mais* significativo, *mais* íntimo, *mais* erótico, *mais* empolgante, *mais* poderoso, *mais* sensual, *mais* extasiante e *mais* alegre.

Ao encarar a morte, percebemos que cada dia é precioso, cada momento é precioso. Perceber isso torna tudo e todos sagrados em nossa vida.

A sabedoria nasce da coragem de correr riscos e fazer papel de idiota, o que fiz muitas vezes, e aprender tanto com esses erros quanto com os êxitos. Como diz Lee no livro, comecei a entender que não é só o *quanto* vivemos, mas também *como* vivemos, que mais importa. E a coragem vem ao perceber que estamos aqui por um tempo muito curto, e o maior erro pode ser nunca arriscar, porque achamos que temos todo o tempo do mundo. Como Fritz Perls, o fundador da Terapia Gestalt, dizia: "Eu não quero ser poupado, eu quero ser gasto!"

Eu amei o filme *Feitiço do Tempo*, no qual Bill Murray fica voltando no tempo até acertar. (Quando estreou, ele passou em pelo menos uma dúzia de voos que tomei, o que me fez sentir como se eu estivesse dentro do filme...) E Murray acerta ao aceitar correr riscos, não ficar num emprego que ele detesta, ser mais compassivo, aprender a tocar jazz ao piano — e correr o maior risco de todos: abrir totalmente o coração para a personagem interpretada por Andie McDowell.

Porque podemos ter intimidade só à medida que nos tornamos vulneráveis, mas, quando estamos vulneráveis, podemos nos machucar. Seu coração está fora do corpo. No entanto, todo o resto não passa de uma distração.

Um relacionamento totalmente dedicado permite que as duas pessoas sintam total confiança uma na outra. A confiança permite que nos sintamos seguros. Quando nos sentimos seguros, podemos abrir o coração para o outro e ficar completamente nus e vulneráveis para ele — nos níveis físico, emocional e espiritual. Quando nossos corações ficam totalmente abertos e vulneráveis, podemos sentir níveis profundos de intimidade, que são restauradores, prazerosos, fortes, criativos e intensamente extasiantes. Podemos nos entregar um ao outro por força e sabedoria, não por medo, fraqueza e submissão.

Na minha vida, já tive oportunidade de conversar com algumas das pessoas mais poderosas e famosas do país. E, se a fama, o dinheiro e o poder trouxessem felicidade, elas deveriam ser as pessoas mais felizes. Mas muitas vezes não são; de certa forma, você fica até mais solitário quando esse mito chega ao fim e você descobre que ele não traz o que você imaginava. Antes, pelo menos, essas pessoas podiam pensar que, *se* tivessem sucesso, *aí* seriam felizes.

Esse nível de sucesso tende a ser bem solitário; minha experiência me diz que depois de alcançar um sucesso moderado, que atenda às suas necessidades básicas, qualquer coisa acima disso tende a isolar em vez de interligar. Em outras palavras, as pessoas são felizes *apesar* do sucesso, não por causa dele. O que traz a felicidade é o amor e a intimidade. Como Lee escreveu, "Eu não tenho mais uma lista de coisas para fazer antes de morrer. Eu tenho amor na minha vida".

No fim das contas, confrontar a morte inevitavelmente nos leva a fazer algumas das perguntas mais profundas: Quem sou eu? Por que estou aqui? Para onde vou? O que vem depois disto? Lee honra o desconhecido sem oferecer respostas superficiais. Ele escreve: "O mais importante para mim é que essas experiências me encheram de perguntas sobre a finalidade e o mistério da vida", lembrando Rainer Maria Rilke, que escreveu em *Cartas a um Jovem Poeta*: "Tenha paciência com tudo que não estiver resolvido em seu coração, e tente amar as perguntas pelo que são."

A morte pode ser a experiência mais isoladora de todas — ir sozinho para um quarto escuro para sempre —, ou o próximo capítulo na evolução da nossa alma, como ir de uma sala de aula para outra, ou um rio voltando para o oceano, entrando em união com a fonte.

Lee nos deixa com a compreensão profunda de que temos mais escolhas do que imaginamos na maneira como vivemos, e de que se vivermos bem esta vida a próxima vai se resolver sozinha. Este livro é a dádiva de Lee para o mundo, o amor manifesto.

dr. Dean Ornish
Fundador e Presidente do Instituto de Pesquisa de Medicina Preventiva
Professor de Medicina Clínica da Universidade da Califórnia em São Francisco

INTRODUÇÃO

Vontade de Viver

O medo de morrer vem do medo de viver.
O homem que vive plenamente está preparado
para morrer a qualquer momento.
— Mark Twain

Todos nós morremos. É a natureza da vida. Em algum momento, a vida termina, mas este livro não é sobre esse momento. É sobre o que vem antes dele. É sobre curar o medo mais básico e universal a todos os seres humanos: o medo da morte. É sobre a vida que só podemos viver depois que curamos esse medo e todos os outros medos que o acompanham: o medo da dor, o medo da perda, o medo da mudança, o medo de não bastar, o medo de não ser amado.

Este livro é sobre minha jornada como médico, pesquisador e explorador, e sobre como encontrei por acaso uma vida que transcende esse medo que é a raiz de todos os nossos outros medos, esse medo que causa tantos males físicos e tantas doenças emocionais em nosso mundo.

Por muitos anos, fui diretor médico do Programa Ornish de Reversão de Doenças Cardíacas. Esse programa se baseia numa dieta com pouca gordura, controle de estresse, exercícios físicos e grupos de apoio. Tive a honra de ajudar centenas de pacientes a superar seu medo de morrer e encontrar a alegria de viver. Vi essas pessoas despertando para uma vida plena, apesar de seus difíceis problemas de saúde. Eu as vi aproveitando e abraçando a vida, mesmo lutando para andar alguns metros com intensas dores no peito. Eu as vi dançando enquanto me mantinha de prontidão com equipamento médico de emergência. Essas pessoas curaram seu medo da morte e levaram uma vida rica e dinâmica. Eu as vi envelhecendo e brincando com os netos que achavam que jamais iriam conhecer. Ao testemunhar tudo isso, fui profundamente inspirado pelo ímpeto humano não só de continuar vivo, mas de viver plenamente, amar bem, e abraçar cada momento precioso de sua mortalidade.

A maioria das pessoas atribui os resultados do Programa Ornish a uma dieta vegetariana com pouca gordura. A verdade é que essas pessoas não encontraram um novo "sopro de vida" com a ajuda de brócolis. Elas encontraram uma nova vida olhando a morte nos olhos e aprendendo a virar de cabeça para baixo sua maneira de encarar a vida. Elas aprenderam a fazer contato com os outros, a encontrar a paz interior, e a voltar a rir como crianças. A dieta pode ter ajudado com a doença cardíaca, mas a ioga, a meditação e os grupos de apoio salvaram suas vidas. Eu sabia disso de forma profunda, intuitiva, e mais tarde minha pesquisa confirmou isso estatisticamente. Elas passaram a aproveitar tanto a vida que o medo da morte começou a se dissipar. Era uma transição notável. Elas não estavam mais morrendo — estavam finalmente vivendo.

Num consultório cheio de pacientes aproveitando a plenitude da vida, comecei a ver que muitos de meus colegas médicos pareciam sem vida, e lutavam para chegar ao fim de cada dia. Eles se concentravam na rotina, nas políticas hospitalares, nas chateações com os seguros. Quando voltavam para casa, para suas famílias, estavam vazios, porque, na tentativa de cuidar de toda e qualquer pessoa, no final não sobrava nada para aqueles que eles realmente amavam.

Passei as últimas décadas da minha vida ajudando médicos a curar seus próprios medos e ingressar numa vida de alegria e equilíbrio. Eu os ajudei a tratar cada paciente com uma compaixão que os beneficia tanto quanto beneficia o paciente. Também segurei a mão deles enquanto aprendiam a reacender as partes das suas vidas que alimentam a alma. Tive o privilégio de ajudá-los a encontrar a alegria de viver em seus cotidianos.

Durante essa jornada, tive a oportunidade de trabalhar com os maiores médicos e curandeiros de nossa época, aprendendo algo novo a cada dia. E, quando tive de encarar minha própria mortalidade, pude consultar e me apoiar nos melhores do mundo. Mas algumas curas requerem mais do que comprimidos, injeções e equipamento de alta tecnologia. Algumas curas requerem uma intervenção radical da alma: uma mudança em nossa estrutura mental e em nosso jeito de ser. Essas curas requerem que paremos de correr pelas nossas vidas atarefadas, trabalhando, sustentando e consumindo. Algumas curas requerem parar e aproveitar cada sanduíche.

Eu sofria das doenças crônicas da nossa sociedade: medo, estresse, depressão e ansiedade. Essa experiência pessoal energizou o meu trabalho de pesquisa de tratamentos para doenças cardíacas e criação de programas para diminuir o desgaste dos médicos. Nesse caminho, aprendi que, se minha vida fosse plena a cada dia, se eu apreciasse as pessoas com quem estava, se conscientemente reservasse tempo para amar minha família e se fizesse um trabalho que alimentasse a minha alma, esse dia seria um bom dia para morrer. Nada mais seria necessário. Eu me ouvia repetindo isso em meus seminários e minhas palestras, mas não conhecia de verdade o valor e o significado dessas palavras até o dia em que fui diagnosticado com uma doença terminal. Foi nesse dia que pela primeira vez tive certeza de que o medo da morte podia ser curado. Aprendi que não precisávamos mais viver com esse medo invadindo nossas vidas de incontáveis formas. Percebi que, embora esse medo seja baseado em nossa necessidade de sobreviver, nossas outras necessidades — de amar, de buscar a felicidade e de abraçar a vida — são muito maiores. Vi que a vida não é só levantar de manhã e ir para o trabalho. Eu me tornei um daqueles pacientes que tanto admirara durante todos os meus anos na medicina: alguém que estava morrendo, porém totalmente vivo. Afinal, todos vamos morrer, alguns logo, outros mais tarde. A verdadeira exceção é viver de verdade.

O mais importante é que eu sabia que eu não nascera assim. Na verdade, cresci numa família ansiosa, que temia a morte e temia boa parte da vida. Percebi que de alguma forma eu havia aprendido a me sentir à vontade com o inevitável: minha morte. Como professor que fui a vida inteira, eu sabia que qualquer coisa que pode ser aprendida pode também ser ensinada.

Em outubro de 2010, tive a honra de fazer o discurso de abertura na reunião anual da Associação Americana de Clínica de Família. Deram-me carta branca para falar sobre o que eu quisesse, e eu escolhi o desafiador assunto de encarar a morte. Levei quatro meses para escrever aquele discurso de uma hora. Estava nervoso e empolgado, mas queria fazer direito. Sabia que aquele poderia ser o último discurso da minha vida. Queria compartilhar a sabedoria que eu tinha adquirido: que há mais coisas na vida do que apenas controlar o colesterol, fazer exercícios e comer bem, que nosso bem-estar psicoespiritual é igualmente importante. Aguardando nos bastidores de um enorme auditório, eu estava para subir ao palco diante de 4 mil colegas. Fui apresentado, a música subiu, e um organizador me deu um toque no ombro. Entrando no palco iluminado, me senti um astro do rock (minha eterna fantasia). Eu estava pronto. Aquele era o meu momento.

Durante a hora seguinte, falei sobre meus pacientes, meus colegas e minha família. Engasguei com as palavras por causa do nervosismo e porque minhas glândulas salivares haviam passado recentemente pela radioterapia. Falei de vida, de morte, e de como todos nós vivemos num mundo da nossa imaginação que mal conseguimos entender.

Quando terminei, o público ficou de pé para aplaudir. Eu estava estupefato, e as lágrimas escorriam dos meus olhos. Tentei sorrir, mas só consegui ficar parado ali. Os médicos, em geral, são espectadores um tanto reservados e céticos. Eles não aplaudem de pé um colega. Isso simplesmente não acontece. Mais tarde me contaram que aquela foi a primeira e única vez que aqueles médicos fizeram isso. Quando saí, fui cercado por meus colegas — abraçado, agradecido e abençoado. Aquilo certamente jamais havia acontecido numa convenção médica. Eu sorria e chorava enquanto era abraçado e cumprimentado por desconhecidos e velhos amigos, um por um, todos os quais sabiam os detalhes mais íntimos da minha vida e da minha morte iminente.

Percebi, então, que havia uma história a ser contada. Este livro é a soma de tudo o que aprendi. Espero que ele abra a porta para que você abrace sua humanidade, aceite a incerteza, e leve uma vida de gratidão, quer esteja encarando o fim agora, quer não. A qualquer momento, num instante, a vida como a conhecemos pode mudar. Nossa mortalidade espera por nós, às vezes pacientemente, outras vezes nem tanto. Mas ela está sempre ali, inegável e mais próxima do que qualquer um de nós quer admitir. Descobri que meu fim estava mais próximo do que eu pensava ao morder um simples sanduíche.

Nem a morte deve ser temida por quem viveu sabiamente.
— o Buda

UM

O Sanduíche Que Mudou Minha Vida

Numa escala de tempo suficientemente ampla,
o índice de sobrevivência de qualquer um cai para zero.
— Chuck Palahniuk

Em 19 de julho de 2009, preparei um sanduíche de bacon, alface e tomate. Como alguém que passou boa parte de sua vida tentando prevenir doenças cardíacas, odeio admitir, mas há algo irresistível na combinação do alface fresquinho e crocante com a doçura do tomate e o salgado do bacon. Eu me sentei à mesa da nossa cozinha, um móvel clássico da década de 1950 que pertencera a meus avós, liguei o noticiário e comecei a comer. Eu tinha acabado de fazer uma teleconferência e ainda estava pensando naquela conversa, curtindo a mistura de sabores salgados e doces e vendo TV, tudo ao mesmo tempo. Depois de duas mordidas, me senti estufado de repente, como se o sanduíche estivesse preso no meu peito. Parecia que eu tinha comido uma bola de golfe. Comecei a sentir pressão e uma dor leve na parte de baixo do tórax. Sem pensar, levantei para pegar água, e, quando engoli, a água subiu pelo meu esôfago, quase voltando para a minha boca. Algo estava errado. Depois de um momento bastante desconfortável, senti a comida e a água descendo pela minha garganta. Como médico, eu sabia que o esôfago é muito macio e flexível e pode dar passagem a muita coisa, como um balão que já foi enchido. A comida ficar presa ali não era nada normal.

Quando Kathy chegou em casa contei o que havia acontecido.

— Deve ser uma estenose — ela declarou em sua voz de médica. — Quarenta anos de azia fazem isso. — Ela estava tratando o fato como irrelevante para evitar a realidade mais provável e preocupante.

Tenho hérnia de hiato de nascença, uma condição na qual o estômago pode subir para o meu peito, inundando meu esôfago com suco gástrico regularmente. Isso pode causar danos significativos depois de muitos anos. Queríamos nos convencer de que o problema era esse. Assim, eu continuei, usando *minha* voz de médico:

— Tenho certeza que é só isso. Eu deveria fazer uma endoscopia. Pra quem eu ligo?

Kathy sugeriu Tim Sowerby, um gastroenterologista em nossa vizinhança.

Tim concordou em fazer a endoscopia no dia seguinte. Ser médico tem suas vantagens.

Kathy e eu entramos alegremente em nosso mundo de negação e de conversa médica objetiva sobre o que estava acontecendo, mas no fundo sabíamos o que tínhamos medo de dizer em voz alta. Não permitimos que o câncer entrasse em nossa conversa nem em nossa vida. Eu era jovem demais. O problema tinha acabado de surgir. Não há casos de câncer na minha família. Era só uma estenose.

— Vai dar tudo certo — Kathy disse. — Tim vai dilatá-la e você vai ficar novinho em folha. Vai dar tudo certo.

No dia da endoscopia, eu estava um pouco ansioso com o procedimento, mas ainda acreditava que Tim iria encontrar uma estenose, dilatá-la, e seria só isso. Essa era a história que Kathy e eu havíamos criado, e eu insistia nela. Andei os três quilômetros até o consultório de Tim seguindo um lindo riacho que passa pelas cidadezinhas do vale de Marin County, sorrindo, acenando para os transeuntes e ouvindo meu iPod. O rock'n'roll sempre foi minha companhia constante, e aquele dia não era diferente de qualquer outro.

No consultório de gastroenterologia, brinquei com os enfermeiros enquanto eles me preparavam para a intervenção. Uma picadinha de agulha, um frasco de soro, um pouco de Fentanyl e Versed, e alguns minutos depois apaguei.

Ao acordar, minha filha, Cheryl, estava ao lado da cama, me reconfortando com seus lindos olhos negros e seu sorriso amoroso. Eu não fazia ideia de que a intervenção tinha acabado. Ainda estava dopado. Saí lentamente do torpor e esperei que Tim me fizesse um relatório do que havia encontrado. Ele entrou e nos mostrou fotos do meu esôfago. Mentalmente, eu via corrosão, mas minha mente médica estava neutralizada pelos medicamentos. Tim disse que havia corrosão e que deveríamos conversar dali a uns dias, depois que ele recebesse a biópsia. Agora percebo que ele estava sendo gentil.

Três dias se passaram, e em 24 de julho de 2009, às 17 horas, liguei para Tim para saber se ele tinha recebido a biópsia. Lá no fundo, eu sabia que podia não ser uma estenose. Saí no jardim e me preparei para a conversa. Com seu jeito gentil, Tim disse:

— Já recebi o relatório da biópsia. Você pode passar aqui no consultório amanhã pra gente conversar?

— Tim, eu sou médico; já usei essa frase e sei o que ela significa. O que é?

Ele hesitou, e naquela hesitação ambos sabíamos o que não tinha sido dito. Isso de querer conversar no consultório só acontece quando há más notícias. Eu disse a ele que podia me contar por telefone, esperando facilitar para ele, esperando facilitar para nós dois.

— É um adenocarcinoma do esôfago distal.

Trocando em miúdos, eu estava com câncer no baixo esôfago. Naquele momento me dei conta de que minha vida nunca mais seria a mesma. Eu tinha uma noção clara de que aquele era um câncer dos piores. Nunca vira um paciente sobreviver a esse diagnóstico. Eu tinha 75% de chances de morrer nos 18 meses seguintes e 90% de chances de morrer nos próximos cinco anos. E não seria uma morte fácil ou indolor.

Uma parte da minha mente (vamos chamá-la de minha mente médica) começou a funcionar a todo vapor. O que preciso fazer para completar meus exames e planejar meu tratamento? Quais são as estatísticas hoje? Que colegas eu deveria consultar para meu tratamento? Quais as opções, se é que existem?

Ao mesmo tempo, outra parte da minha mente (vamos chamá-la de minha mente relacional) preocupava-se em como dar a notícia a Kathy (que também reconheceria a gravidade do diagnóstico) e a nossos filhos, Cheryl e Will. Embora fosse muito interessante observar minha mente médica e minha mente relacional trabalhando separada e simultaneamente, naquele momento eu não estava agitado nem abalado. A sensação de calma era inesperada e quase chocante. Fiquei sentado ali, olhando calmamente as árvores e me perguntando por que eu não estava abalado.

Eu tinha 52 anos e acabara de receber uma sentença de morte. Ela parecia estranhamente aceitável.

A médica Elisabeth Kübler-Ross, em seu já clássico livro de 1969, *Sobre a Morte e Morrer*, descreveu as cinco fases emocionais que a pessoa que está para morrer encontra. Elas são negação, raiva, negociação, depressão e aceitação. Cada estudante de medicina, enfermagem e psicologia aprende essas fases. O que não é muito ensinado é que elas vêm intermitentemente, fora de ordem, e com várias outras emoções, muitas das quais ocorrem simultânea e paradoxalmente.

Uma ideia-emoção muito engraçada me ocorreu: liberdade. Fui um adolescente gordinho e passei a vida controlando rigorosamente meu peso e me exercitando regularmente. Nunca fui atlético quando criança, e lembro que os botões da minha camisa mal ficavam fechados na minha cintura quando eu me sentava. A comida era um prazer do qual eu não abria mão, e minha mãe era uma excelente cozinheira. Meus maus hábitos alimentares me levaram a desenvolver uma carreira ensinando e pesquisando a modificação do estilo de vida para evitar e tratar doenças cardíacas. Ensinamos o que mais precisamos aprender.

No momento do meu diagnóstico, tudo isso foi para o espaço: chega de dieta. Eu sabia que perderia peso de qualquer jeito, portanto resolvi retomar meu relacionamento com os sorvetes de Ben e Jerry. Francamente, também pensei em fazer uma aplicação direta de tequila no meu câncer, mas sabia que antes precisava fazer algo difícil.

Fiquei sentado no nosso jardim, um lugar calmo e arborizado nas colinas, cheio de pássaros cantando, e inspirei o aroma de loureiro e pinho. Eu sabia que minha vida nunca mais seria a mesma — minha vida no trabalho, com a família, e o modo como eu me sentia fisicamente a cada dia, tudo isso seria diferente. Também sabia que eu não era capaz de imaginar como me sentiria com tudo isso: quimioterapia, radioterapia, dor, náuseas diárias e a lenta dissipação até a morte. Eu já tinha visto muitos pacientes passarem por isso, mas nunca perguntara como era. Logo eu iria descobrir. Estava começando uma jornada muito desafiadora, para dizer o mínimo. Fiquei sentado ali, curtindo os últimos trinta minutos da minha existência antes que o câncer se tornasse o foco da minha vida e da vida da minha família.

O cantor e compositor Warren Zevon morreu de câncer em 2003. Naquele ano, ele apareceu no *Late Show with David Letterman*. Letterman lhe perguntou o que ele aprendera ao saber que iria morrer, e Zevon respondeu: "Eu aprendi a aproveitar cada sanduíche." Na época, achei essa frase simples e profunda. Eu a usei em muitas das minhas palestras sobre equilíbrio, mas ela parecia especialmente relevante para mim agora, pois fora um sanduíche, afinal, que me levara a descobrir meu câncer. Eu ri sozinho.

Então comecei a me sentir desolado, não por mim, mas pelo que iria acontecer com as pessoas que eu amava. Kathy, minha esposa e melhor amiga, logo chegaria em casa. A vida dela também estava para mudar, e eu não podia evitar isso. Ela se tornaria uma cuidadora, veria o marido definhar com a doença e finalmente morrer. Eu queria poder de alguma forma parar o tempo para que essa conversa não acontecesse. A vida que conhecíamos, que planejamos, havia acabado. Depois de quase trinta anos de amor, eu iria partir o coração dela de uma maneira que jamais poderia ter imaginado.

DOIS

A Mulher dos Meus Sonhos (Literalmente)

Poucas semanas antes de começar a cursar medicina, sonhei várias vezes que estava no altar com uma mulher de cabelo longo e negro. Eu sabia que era o meu casamento e que a mulher era oriental, mas na época eu não conhecia nenhuma oriental. Eu não tinha nenhum contexto para a imagem daquela mulher ou para o sonho, que era tão real que eu parecia poder tocá-lo. Isso estava para mudar.

No primeiro dia da orientação no curso de medicina, eu estava sentado a uma mesa no saguão da escola, um espaço cavernoso, preenchido pelos ecos de alunos conversando alto e se cumprimentando ruidosamente pela primeira vez. Todos estávamos empolgados e ansiosos por estarmos ali. Para a maioria de nós, aquilo era o começo do sonho de uma vida inteira, bem como o fim de uma jornada competitiva e o início de outra. Seríamos colegas e concorrentes pelos próximos quatro anos. Alguns conseguiriam se formar, outros não. Eu estava conversando com um dos meus novos colegas quando notei uma garota oriental de um metro e meio de altura entrando. Ela usava jeans, um blazer azul e mocassins. Tinha cabelo negro e comprido e um jeito de andar vivaz. Eu soube, naquele exato momento, que ela era a mulher com quem eu havia sonhado. Tive a estranha sensação de que isso era óbvio, até natural. Fiquei um pouco tímido ao me apresentar à mulher dos meus sonhos, e, mesmo tendo certeza de que falei com ela, não me lembro das primeiras palavras que trocamos. Aquelas palavras e boa parte desse primeiro encontro foram tragadas pela empolgação com tudo o que estava acontecendo naquele dia. Não éramos mais crianças — nem mesmo simples universitários. Íamos virar médicos de verdade.

Nos primeiros dois anos do curso, passávamos de seis a oito horas por dia numa sala de aula: um enorme salão com assentos fixos em forma de anfiteatro, nosso centro de aprendizado subterrâneo sem janelas. No primeiro dia, nos acomodamos nos lugares que escolhemos, e durante dois anos mal nos mexemos. Afinal, os seres humanos gostam do que é familiar. Eu me sentava na segunda fileira, à direita, com Mark, Michael, John e Connie. Passaríamos a maior parte dos dois anos seguintes naqueles assentos, fazendo anotações, rindo e cutucando uns aos outros quando alguém pegava no sono.

Kathy preferia se sentar no fundo. Ela era meio tímida e não queria ser notada nem chamada. De vez em quando, eu fugia lá para o fundo só para ficar perto dela. Eu ria quando a via fazer caretas engraçadas com os lábios enquanto escrevia. Descobri que ela era de Rockville, Maryland, que fizera sua graduação na Johns Hopkins e que, para minha grande decepção, tinha um namorado chamado Richard que morava em Washington.

Eu persisti mesmo assim (dane-se, Richard). Nós conversávamos sobre filmes, música e vários outros interesses, até que finalmente a convidei para sair comigo. Não seria um encontro, apenas dois amigos indo ver um filme. Eu me esforcei ao máximo para não parecer ansioso ou empolgado demais, e me esforcei para não dar a entender que queria ameaçar seu atual relacionamento, embora essa fosse exatamente a minha intenção.

Na véspera de nossa ida ao cinema (que não era um encontro), ela desmarcou, dando a desculpa esfarrapada de que recebera uma visita de alguém de outra cidade. Eu sabia que ela tinha percebido minhas intenções. Ela evidentemente não tinha visto o que eu vira no meu sonho!

Continuei a persistir obsessivamente, e nosso primeiro encontro foi um almoço rápido no restaurante Popeyes, cuja especialidade era frango. Nada sofisticado como primeiro encontro, mas finalmente pude passar um tempo com ela fora dos muros da faculdade de medicina. Com o passar do tempo, começamos a estudar juntos, comer juntos e ocasionalmente correr juntos.

No início do segundo semestre, dei discretamente um jeito de usar o mesmo microscópio com Kathy no laboratório de patologia. Como eu havia trabalhado na faculdade antes de virar aluno, já conhecia os funcionários, que ficaram felizes em me ajudar na minha empreitada romântica. Eu sabia que parceiros de laboratório costumam ter um microscópio na escola e outro em casa para não ter que ficar carregando o instrumento para cima e para baixo. Se fôssemos parceiros de laboratório, iríamos passar muito tempo juntos, dentro e fora da sala de aula. Minha obsessão estava subindo de patamar.

No final do segundo semestre, estávamos estudando juntos, correndo juntos diariamente e jantando juntos com frequência.

Em 4 de junho de 1981, depois de correr pelas margens do Canal C & O em Georgetown, paramos para descansar sobre a pontezinha de madeira que cruza o canal. Era uma noite bem quente de primavera, e estávamos suando. Debruçados sobre o parapeito da ponte, a centímetros um do outro, nós conversávamos. Meu coração pulava no peito, não por causa da corrida, mas por causa do que eu ia fazer. Eu me virei e a beijei. Ela não me rejeitou — até correspondeu ao meu beijo. Jamais vou esquecer esse momento pelo resto da minha vida. Eu havia corrido atrás daquela mulher por mais de um ano, e agora a estava beijando sobre uma ponte em Georgetown. Olá, Lee; adeus, Richard!

Minha experiência de conhecê-la em sonho foi um prelúdio para minha estranha e, por vezes, perturbadora capacidade de ver as coisas antes que elas acontecessem. Isso se tornaria uma experiência cada vez mais comum para mim nos anos seguintes. Premonições, ou o que eu chamo de "momentos intuitivos", aparecem com frequência na literatura e no cinema. Embora fossem uma novidade desconcertante para mim, descobri que a maioria das pessoas as tem, mas tende a ignorá-las ou considerá-las insignificantes.

Meu amor por Kathy parecia predeterminado. Para completar essa receita de amor predestinado, misture uma descarga de testosterona (que leva ao aumento da libido), um toque de epinefrina (que leva à empolgação), e uma pitada de dopamina (que leva ao contentamento), aliados a vontade de rir até das piadas mais simples, doçura, competitividade, força física e uma capacidade infantil de se divertir. Era um sanduíche impossível de se recusar.

Em outubro daquele ano, alugamos um chalé na Trilha dos Apalaches e passamos o fim de semana do Dia das Bruxas fazendo trilha. A folhagem de outono estava de tirar o fôlego, com vermelhos brilhantes, laranjas e amarelos, e o ar estava fresco. Em nossa primeira noite naquele chalezinho barato havia umas cem moscas zumbindo no alto da janela. Gastamos as primeiras duas horas de nosso retiro romântico armados com jornais e uma escada, massacrando insetos.

Kathy e eu passamos cada dia daquele fim de semana prolongado correndo e andando pelas trilhas, e toda noite nos aconchegávamos diante da lareira com meu pastor alemão, JB.

Kathy tem um péssimo senso de orientação, por isso, durante a trilha, no segundo dia, quando já escurecia, parei numa bifurcação do caminho e falei que ela teria que achar o caminho de volta sozinha se não aceitasse casar comigo. Ela insistiu para que eu lhe desse tempo para pensar. Até hoje, ela nunca decide nada sem ter ficado pelo menos alguns dias pensando a respeito, e mesmo assim só quando pressionada.

Naquela noite, no chalé, depois de uma noite passada tomando vinho e entalhando sua primeira lanterna de abóbora do Dia das Bruxas, Kathy aceitou casar comigo, com a estranha condição "contanto que a gente não conte pra ninguém". Ela é uma pessoa intensamente reservada, e não queria nem que nossos colegas soubessem que estávamos namorando (embora todos já soubessem). Esse era um lado dela que eu não entendia mesmo. Eu sou gregário e aberto com qualquer um. Ela queria manter nossa vida particular em particular. Ela também achava irresponsabilidade dois estudantes que ainda dependiam do "financiamento paterno" — FP, como eu dizia — planejarem se casar. Eu nunca deixei a responsabilidade atrapalhar o amor e o prazer, e meu cérebro estava encharcado de hormônios. Como o pensamento lógico poderia se opor ao turbilhão de substâncias químicas que era o meu cérebro apaixonado?

Mais tarde naquele ano, pedi dinheiro emprestado a meu pai para comprar um anel de noivado para Kathy. Era um diamante de tamanho estudantil num anelzinho modesto de ouro, e até hoje não devolvi o dinheiro (mas ele diz que não tem problema). Durante dias eu o tirava da caixinha azul e ficava com ele na mão. Mal podia conter a minha expectativa e impaciência. Em 14 de janeiro de 1983, fiz reserva no L'Auberge Chez François, um restaurante extravagante e muito caro (para estudantes de medicina) em Great Falls, Virgínia. Era tão badalado que era preciso ligar com um mês de antecedência para conseguir uma mesa. Eu me senti um felizardo por ter conseguido.

Em 14 de fevereiro, houve uma tempestade de neve bem forte. Eu estava ansioso com a possibilidade de perder nossa reserva e mais nervoso ainda com meu pedido "oficial". Kathy nem desconfiava de aonde estávamos indo ou do que eu ia fazer. Finalmente, depois de dirigir uma hora às cegas na tempestade branca, chegamos para nosso jantar muito especial e muito fora do orçamento. O restaurante parecia uma casa antiga, e tinha uma lareira com um fogo intenso. Tudo era muito romântico. Depois que terminamos o prato principal, dei o anel a ela e pedi de novo que aceitasse ser minha esposa. Ela sorriu, chorou e disse que sim. Perguntei se podia contar ao resto do mundo e ela concordou. Até hoje ainda consigo lembrar a alegria e a expressão do seu rosto e sentir o amor no meu coração. Revivi mentalmente aquele momento num restaurante na Virgínia numa noite fria de inverno milhares de vezes nos últimos trinta anos.

Em agosto daquele ano, nós nos casamos.

Em julho deste ano, tive que contar a ela que eu estava morrendo.

TRÊS

Dois Médicos Entram no Vale da Sombra da Morte

Sentado à beira da piscina, minha cabeça girava enquanto eu pensava na conversa que precisaria ter com Kathy. Embora já tivesse enfrentado essa conversa com pacientes inúmeras vezes, eu jamais entendera por completo a intensidade arrasadora de ter que dar a má notícia à família de alguém. Aquela conversa iria mudar o rumo de nossa vida para sempre. Naquela noite quente de verão, nossa vida antiga acabaria, e uma nova, voltada para a morte, iria começar.

Ouvi o carro dela estacionando e fui para o quarto. Aquele era o meu refúgio e o lugar onde eu sabia que queria estar quando fosse lhe contar. Ela entrou em casa e eu saí no corredor para encontrá-la.

— Olá, você pode vir aqui? Eu quero conversar. — Eu indiquei o quarto.

Ela sabia que algo estava errado. "Venha para o quarto" era reservado para conversas sérias.

— Precisamos conversar; sente-se. — Eu indiquei a cama.

— O que foi?

— Falei com Tim hoje. Ele recebeu o resultado da patologia.

Ela olhou para mim com medo nos olhos.

— É câncer.

Kathy começou a chorar e me abraçou forte, como jamais havia abraçado.

Por muitos minutos ficamos ali, sem dizer nada, abraçados, enquanto a vida que conhecíamos, que planejáramos, se despedaçava ao nosso redor.

— Quero que você saiba que, não importa que eu morra ou sobreviva, estou bem com tudo isso.

Não sei ao certo por que eu disse isso. Queria que ela soubesse que eu estava bem, mas imagino que ela tenha achado insensível de minha parte. Ela não estava pronta para ouvir que seu marido aceitava morrer! Como conhecia as fases de Kübler-Ross, ela disse:

— Você não pode pular direto pra aceitação!

Ela estava furiosa por eu estar em paz. E, em sua mente, eu estava desistindo, aceitando a morte, e planejando abandoná-la.

Kathy mudou para o modo de batalha.

— Você vai ficar bem. Vai tirar isso de letra. Você é jovem e está em boa forma. Vai dar tudo certo.

Eu não conseguia sentir essa certeza toda, e entendi que era apenas um mecanismo de defesa. Só o que consegui dizer foi:

— Veremos.

Eu não sabia se ficaria bem ou não. Só sabia que tinha muita coisa a fazer.

Num instante, mudamos para o modo médico. Começamos a pensar e planejar, a decidir com quem iríamos nos consultar, e resolvemos entrar na internet e pesquisar os tratamentos disponíveis. Analisando agora, fico surpreso em constatar quão rapidamente nós médicos conseguimos fazer isso — bloquear as emoções humanas mais intensas, mesmo quando nossa vida está em jogo, e entrar num estado de fazer e planejar. É bem mais fácil do que lidar com a dor emocional, e nós fazemos isso bem.

— O que você vai fazer? — ela perguntou, sabendo que eu precisava verificar se o câncer havia se espalhado.

— Vou marcar uma consulta na Oncologia Marin, começar a fazer os exames e ouvir as opiniões de nossos amigos e colegas.

— Imagino que iremos cancelar a ida à Inglaterra. — Tínhamos uma viagem marcada dali a duas semanas para o Reino Unido com os nossos filhos. Ela queria que eu começasse o tratamento imediatamente.

— Não, eu quero ir. Se for nossa última viagem em família, quero curti-la antes da quimioterapia.

Isso também não agradou. Ela queria que eu começasse os exames e o tratamento sem demora.

— Vamos conversar sobre isso — ela disse. A discussão ainda não estava encerrada.

Kathy estava ficando preocupada ao me ver encarando a coisa com tanta leveza. Ela queria que eu dissesse: "Vou fazer tudo quanto é exame, mudar para uma dieta de alimentos crus, pedalar mil quilômetros e vencer esse troço. Que se danem as férias; eu vou sobreviver!" Mas eu não me sentia assim. Eu só queria aproveitar o quanto me restava de vida. Eu não tinha "gana de lutar", e isso a irritava, então voltamos a falar de assuntos práticos.

— E as crianças? Quando vamos contar pra elas? — Eu tinha combinado de levar Will, nosso filho de 18 anos, para a orientação de sua faculdade no sul da Califórnia dali a dois dias.

Kathy achava que não devíamos contar a eles até a nossa volta. Ela não queria estragar a empolgação dele com a faculdade.

Eu concordei.

— Então não podemos contar pra ninguém. Não quero que as crianças descubram enquanto não contarmos para elas.

Ela concordou. Eu iria marcar minhas consultas na surdina, mas não contaria para ninguém até a semana seguinte.

Passamos a noite na internet, sentados um na frente do outro, os dois com nossos laptops, estudando o mundo da literatura médica sobre câncer no esôfago. Procuramos todos os artigos que pudemos encontrar: índice de mortalidade de 90%. Consultamos bancos de dados nacionais em busca de recomendações de tratamentos e resultados: índice de mortalidade de 90%. Mergulhamos em estudos da Índia, do Japão e da Alemanha: índice de mortalidade de 90%. Procuramos estudos em andamento nos arquivos dos Institutos Nacionais de Saúde. Não havia nenhum. Estávamos ficando deprimidos e exaustos. Bateu a desesperança.

Kathy normalmente dorme depois de mim, mas naquela noite pedi que ela se deitasse mais cedo e me abraçasse. Tomamos um pouco de vinho e nos abraçamos, falando de assuntos que podíamos controlar — o que eu iria fazer com o trabalho, com o auxílio-doença, como iríamos pagar a universidade de Will, e outros negócios relacionados às mudanças em nossa vida. Era bem mais fácil nos concentrarmos nesses assuntos do que falarmos sobre a probabilidade de 90% de morrer.

Nós quase sempre dormimos abraçados, mas naquela noite em particular havia uma sensação de desespero. Kathy me abraçou a noite toda como se isso pudesse evitar o inevitável. Ela me segurava para que eu não a abandonasse.

No dia seguinte, analisamos as várias opções de tratamento, tanto as convencionais quanto as alternativas. Eu me sentia muito calmo. Estávamos no modo médico e emocionalmente desligados.

— Vou mandar e-mails para Mitch Gaynor, Andy Weil, Dean, Donald Abrams e outros e pedir a opinião de todos. — Eu tinha uma grande rede de amigos com os quais podia contar para obter informações e conselhos.

— Que tal a gente ir ver Amma [o líder espiritual indiano] ou João de Deus? — ela implorou, procurando por milagres depois de não encontrar nenhum na literatura médica. Havia desespero em sua voz.

— Não, vou ser operado se eu puder, fazer quimioterapia, radioterapia e meditação. Vou ligar para Marty e perguntar sobre acupuntura, e usar quaisquer ervas que Andy, Donald e Mitch recomendarem.

Kathy não conseguia aceitar essa decisão. Lá estava eu, com acesso a um mundo de curandeiros espirituais, preferindo ficar em casa, tomando suplementos vitamínicos e meditando. Minha esposa precisava que eu lutasse contra o câncer, mas eu não conseguia encontrar essa gana de lutar dentro de mim. Ela queria que eu fizesse de tudo para evitar a morte, mas minha intuição me dizia apenas para ficar quieto, me desligar da minha vida atribulada e meditar. Não que eu tivesse desistido; eu apenas não tinha a agitação nem a ansiedade que propiciam a energia necessária para lutar e suportar tratamentos extremos. Eu não tinha medo. Quero deixar claro: eu não ia ficar parado, sem fazer nada a respeito do câncer. Eu amava minha vida e naturalmente preferia sobreviver, mas não temia a morte.

Durante anos eu ensinara que "hoje deve ser um bom dia para morrer". Essa é uma expressão dos indígenas americanos, às vezes usada em combate. Significa "hoje eu morro por uma boa causa", mas também pode significar que se cada um dos nossos dias for vivido plenamente, sem remorso, com amor e serviço, qualquer dia é um bom dia para morrer. Minha vida até aquele momento tinha sido cheia de amor, bom humor, ótima música, aprendizado e ensino; uma esposa que eu amava e admirava; e filhos dos quais me orgulhava. Eu tinha um profundo senso de conexão com a espiritualidade, com algo maior que eu. Eu já tinha aproveitado muitos sanduíches excelentes. Se eu morresse aquele dia, teria vivido mais do que o suficiente para me satisfazer.

Você pode achar estranho sentir tanta gratidão por essa vida que eu estava prestes a perder, mas eu via a minha vida de um jeito um pouco diferente da maioria. A cada dia, pelos últimos vinte anos, eu havia praticado a gratidão. Começava pensando nas coisas pelas quais eu era grato diariamente, anotando as coisas que me inspiravam gratidão toda noite, dizendo a mim mesmo quanta sorte eu tinha. Mais tarde, comecei a usar a gratidão na minha prática de meditação.

A gratidão se tornou um pequeno exercício com um grande resultado. De fato, ela é vital para saborear este sanduíche de vida.

Eu não nasci com essa visão; fui criado por uma família que enxergava cada morte e doença como uma tragédia e fui treinado por uma comunidade médica para a qual a morte é o inimigo. No entanto, para mim, o dia 24 de julho de 2009 era simplesmente um bom dia para morrer.

QUATRO

De Neurótico a Conhecedor

Não existe nem um fiapo de prova em favor da ideia de que a vida é séria.
— Brendan Gill

Como um cara ansioso de Nova Jersey se torna um cara capaz de aprender a aceitar até a morte?

Fui criado numa cidade de classe média alta no norte do estado de Nova Jersey, cheia de sobrados de tijolos marrons e beges, com duas escolas de ensino fundamental e uma de ensino médio. Meu pai era dentista e minha mãe, uma professora que resolveu ficar em casa para criar os filhos. Era uma típica família do pós-guerra para um filho tardio da geração do "baby boom". Sucesso, naquela comunidade, significava ir para a universidade e depois fazer uma pós-graduação profissionalizante. Naquele mundo, ser médico ou advogado era esperado.

No entanto, havia bastante ansiedade na minha casa. Meus pais pareciam se preocupar muito com tudo. Não era exatamente o nível de ansiedade de um Woody Allen, mas não ficava muito longe disso. Sempre que eu ia a qualquer lugar, eles me diziam para trancar as portas, olhar para trás quando andava na rua à noite, e não deixar nada visível no meu carro. Nós nos preocupávamos com a possibilidade de nevar ou chover. Nos preocupávamos com a saúde de todos, até de parentes que eu nem conhecia. Meu pai me dizia (e diz até hoje): "Tem gente por aí que quer machucar você." Eu continuo sem saber quem são essas pessoas. Só sei que devem existir, pois papai me disse.

Meus pais veem o mundo como um lugar perigoso. Eles se convencem de que estão correndo riscos a maior parte do tempo. Isso é reforçado pelas histórias que eles contam para si próprios e um para o outro. Minhas amigas Nita Gage, Shannon Simonelli e eu inventamos uma palavra para descrever esse mundo que criamos em nossa mente — nosso mundo neuroimaginal®. Esse é o mundo de que todos nos convencemos ser real.

Eu entendo que meus pais são de uma geração muito diferente. Entendo que eles cresceram na cidade de Nova York, onde a criminalidade é mais alta. Entendo que foram criados num mundo onde as pessoas de fato matavam alguém por ser judeu. Talvez eles tenham adquirido essa ansiedade de forma honesta, mas a refinaram até transformá-la em arte.

Minha irmã e meu irmão lutaram com problemas de ansiedade e depressão a maior parte de suas vidas. Meu papel era ser o cara que pega leve com tudo, com humor, mas eu também carreguei uma ansiedade subjacente para a minha vida adulta. E se eu não conseguisse entrar numa pós-graduação em medicina ou direito? E se eu não fosse um sucesso? Na faculdade, muitas vezes eu me encolhia no meu cantinho do dormitório e punha os fones, tentando relaxar. Havia algo dentro de mim que me deixava constantemente pouco à vontade.

Ir a shows de rock me ajudava a passar desse estado ansioso para um estado de agradável fadiga pós-show. O som de uma banda incrível e a sensação das ondas sonoras do bumbo da bateria e da guitarra vibrando através do meu corpo inteiro eram transformadores para meu cérebro precocemente estressado. Desabafar, vibrar e dançar eram minha maneira de lidar com a ansiedade. Ficar pulando com fones de ouvido e tocando uma guitarra imaginária tinha um importante efeito calmante sobre meus nervos. Era a minha automedicação. Mas quero deixar claro que jamais cantei num microfone imaginário — tudo tem seu limite.

Eu estava bem mais interessado em música e em sair com meus amigos do que nos estudos. Isso levou a uma média de notas B, que na época bastou para que eu entrasse numa boa faculdade em Washington, D.C.

Estudantes se preparando para os cursos de medicina e de direito me rodeavam. Naquela atmosfera, estudar medicina parecia ser a decisão admirável e correta. Mas minha média não era estelar. Por algum motivo, frequentar os círculos roqueiros de Washington não melhorava minhas notas. Meu primeiro ano tentando entrar no curso de medicina consistiu em mais de cinquenta tentativas e um igual número de cartas de rejeição. Acho que eles não estavam procurando guitarristas imaginários ansiosos.

Em resposta a isso, comecei a me "ajustar". Eu me exercitava de uma hora e meia a duas todo dia (a ponto de virar uma obsessão). Comecei uma dieta rígida para maximizar minha saúde. Eu me matriculei num mestrado de um ano em fisiologia humana e tirei 10 em todas as matérias. Me tornei uma máquina de estudar enxuta e agressiva. Usei todos os meus comportamentos competitivos plenamente. E o que consegui com isso? Mais cinquenta cartas de rejeição!

Eu sabia que precisava encontrar um trabalho que melhorasse minhas chances de entrar numa faculdade de medicina e que servisse como plano B caso eu não conseguisse entrar (eu era obcecado, mas não idiota). Decidi trabalhar num laboratório de ciências e tive a sorte de conseguir trabalhar com um professor de neuroanatomia, Sal Rapisardi, na Universidade Howard, em Washington.

Aquele foi um ano ótimo de aprendizado de ciência, estudo e de familiarização com a redação de monografias científicas. Continuei minha cruzada pela boa forma correndo e levantando pesos. Passei a fazer parte do quadro de funcionários da universidade e a conhecer muito bem o corpo docente (o que, como vocês viram, me ajudou bastante na minha batalha pela atenção de Kathy). Persisti no envio de solicitações a outras universidades e continuei recebendo respostas negativas. Meu desejo de ser médico aumentava proporcionalmente ao número de negativas recebidas, por isso comecei a solicitar admissão em escolas de medicina de outros países.

Duas semanas antes de partir para uma faculdade de medicina na França, recebi um telefonema do escritório do reitor da Universidade Howard me avisando que eu tinha subido da lista de espera e sido aceito no curso de medicina. Ainda não sei quem mexeu os pauzinhos, se é que alguém mexeu (provavelmente Sal), mas, depois de três anos e mais de cem solicitações, eu havia conseguido.

No curso de medicina, meu desempenho acadêmico foi excelente. Nos meus três anos de solicitações para universidades, adquiri autodisciplina — como comer, me exercitar e estudar —, e tudo isso me foi muito útil nos rigores do curso e mais tarde na minha carreira, ensinando pacientes a terem uma vida saudável. Eu me sentava nos bancos da frente, querendo absorver cada palavra e não ficar para trás. A ansiedade levou a uma grande necessidade de controle, o que me transformou num monstro de disciplina. Eu estudava até tarde toda noite, corria todo dia, e usava a música como minha válvula de escape. Com os fones nos ouvidos, o mundo sumia.

Observei um padrão peculiar: se eu enfiasse informações no meu cérebro por uns vinte minutos e depois ouvisse um belo rock de três ou quatro minutos enquanto dançava pela casa, as informações "grudavam", então isso virou um hábito: vinte minutos de estudo e quatro minutos de rock. Agora sei que o que eu estava fazendo era controlar meus hormônios do estresse. Quando eu ouvia rock, meus hormônios do estresse diminuíam. Esse estado combinado de menor estresse e maior energia aumentava o funcionamento do meu cérebro pensante, ou córtex, melhorando assim minha memória e meu aprendizado. O rock e uma boa corrida toda noite me ajudaram a terminar o curso de medicina. Acredito que me formei com a terceira melhor média da turma graças aos Ramones e a um bom e velho par de tênis.

O plantão noturno no hospital como estudante de medicina foi uma época louca. Tarde da noite, o mundo do hospital se tornava um lar estranho e assustador: cadáveres no necrotério, dor e sofrimento no pronto-socorro, e visitas de famílias traumatizadas e preocupadas tentando desesperadamente acreditar que tudo ia dar certo.

Havia dois lugares de refúgio: a copa para tomar café, sorvete e outras guloseimas, e uma salinha para dormir e descansar, se você tivesse a sorte de poder deitar por vinte minutos. Uma noite, às três da manhã, fui para a salinha descansar um pouco, e, quando acendi a luz, meu colega Tony estava sentado lá, meditando. Como ele podia ficar sentado às três da manhã no meio de um hospital movimentado, no escuro, e de alguma forma estar em paz? Eu ficava deitado e acordado, pensando na próxima emergência, que exames me esquecera de solicitar, qual médico iria gritar comigo pela manhã ou qual o próximo paciente a empacotar, mas Tony estava sossegado. Eu queria o mesmo que ele.

A ideia de meditar não era um conceito desconhecido para a minha geração. Os Beatles tinham ido para Rishikesh, na Índia, estudar com o Maharishi 15 anos antes. Como sou fanático por rock, se era legal pros Beatles, era legal pra mim. Eu até havia tentado meditar algumas vezes na adolescência, mas nunca havia treinado pra isso. Aos 12 anos, comecei a ficar sentado, respirando, às vezes em silêncio, às vezes ouvindo música (*Tubular Bells*, de Mike Oldfield, e a música do Tangerine Dream estavam entre as favoritas). A música e minha forma amadora de meditação me ajudavam a controlar minha ansiedade subjacente e a tendência para a depressão. Continuei usando intermitentemente algumas formas moderadas de meditação no colegial e na faculdade, mas não como práticas diárias. Eu não sabia como se fazia, mas agora, no meio da loucura do curso de medicina, era uma ideia bastante atraente!

E eu segui essa ideia? Na verdade, não. Eu poderia ter me matriculado numa aula de meditação ou comprado algumas fitas ou alguns livros para aprender, mas não fiz isso. Simplesmente continuei a ser ansioso, dançar e correr. Meu sistema estava funcionando pra mim, minhas notas eram ótimas, e eu não queria estragar tudo.

Se o curso de medicina foi estressante, a residência era a *Corrida da Morte*: noites insones, pacientes loucos no pronto-socorro, morte e trauma, gente perdendo entes queridos e total exaustão. Junte-se a isso um casamento no início e a minha primeira filha (que nasceu quando ainda cursávamos a faculdade de medicina), e eu estava frito.

Aconteceu uma coisa no meu último ano de residência que gradual e sutilmente mudou minha vida. Phil Weiser, um fisiologista especializado em exercícios, dirigia o programa de reabilitação pulmonar do hospital. Eu me interessava muito por reabilitação cardíaca, então, junto com o programa dele, começamos um pequeno programa de reabilitação cardíaca no hospital. Foi ali que Phil me ensinou os benefícios do controle do estresse para o coração e os pulmões dos pacientes. Agora a meditação não era só algo que os Beatles e Tony faziam; a meditação melhorava a saúde e aumentava a longevidade. Resolvi aprender meditação para valer, para poder ensiná-la aos pacientes.

Comecei com meditações simples, orientadas, baseadas no conceito da atenção plena e em práticas de amor e gentileza. Eu escolhia uma dessas práticas de acordo com meu humor no dia. Se eu estava ansioso, a atenção plena parecia ajudar. Se estava preocupado com alguma coisa num relacionamento, o amor e a gentileza eram a solução. A cada dia eu sentava e escutava por vinte a trinta minutos, seguindo a meditação orientada. Para mim, começar de manhã fazia mais efeito (eu funciono melhor de manhã), mas eu também complementava isso com uma meditação noturna. Gradualmente, com o passar de muitos meses, construí uma prática que era sustentável.

O desafio para mudar, no meu caso, começou depois da minha residência. Eu era médico praticante, tinha um casamento feliz e era pai de dois filhos. O alarme soou quando eu estava indo de bonde para meu escritório na Filadélfia e fui acometido por um ataque total de pânico. Fiquei agitado, inquieto e suado. Achei que iria desmaiar. Achava que ia morrer e não sabia por quê. Eu terminara a residência havia três anos e trabalhava num consultório bem formal que atendia empresas no centro. Como internista com um forte interesse em lipídios (colesterol) e na prevenção cardiovascular, eu passava grande parte dos dias atendendo indivíduos interessados em diminuir seu risco de infarto e derrame. Uma missão nobre, mas naquela manhã específica, sacolejando sobre os trilhos decrépitos do bonde, a ideia de me ouvir dizendo "dieta com pouca gordura, exercícios, controle de estresse, tome seus remédios" de vinte a trinta vezes pelas próximas horas se tornou insuportável. Achei que eu é que iria ter um ataque cardíaco. A rotina da medicina e a repetição das minhas palavras estavam me deixando louco.

Os leigos acham que o estresse da medicina vem de eventos dramáticos como aqueles que passam na TV. Para a maioria dos médicos, esse nível de emoção e desafio é divertido e satisfatório. Mais estressantes para os clínicos são as ocorrências rotineiras, comuns, diárias, como papelada, telefonemas, ditar ou digitar fichas e repetir as mesmas informações milhares de vezes para pessoas que podem estar ouvindo ou entendendo só pela metade. A outra fonte importante de estresse para os médicos é a nossa própria personalidade. Somos um povinho bem problemático — obsessivo, perfeccionista e competitivo até o miolo. A rotina da medicina estava me matando. A máquina de disciplina enxuta e agressiva que eu havia criado na universidade estava com óleo vazando por todos os lados.

Kathy e eu tínhamos dois filhos, dois empregos, outras responsabilidades (eu era o presidente do conselho de uma escola local) e coisas demais na nossa vida. Por todos os padrões exteriores, eu era um sucesso, mas vivia num estado constante de pânico e depressão.

Nos meses seguintes, comecei a tomar Prozac. Eu estava deprimido, estressado e não conseguia enxergar além do mundo que criara para mim mesmo. Eu me sentia aprisionado naquela caixinha de vida que era para ser tão maravilhosa. Estava levando a vida que eu imaginava ser perfeita. Como eu, o médico inteligente, engraçado, em forma, *meditador,* com uma esposa doce e família idem, podia estar me sentindo tão mal?

Eu não achava que a medicina devia ser tediosa ou rotineira. "Não era pra ser assim!", eu dizia a mim mesmo. Eu estava gastando minhas energias reclamando de como a prática da medicina *deveria* ser, e não apreciando como ela realmente *era.* O que eu ainda não tinha aprendido era que minhas *percepções* estavam na origem das minhas ansiedades.

Eu tinha uma imagem equivocada de como a vida adulta deveria ser. Eu achava que estaríamos bem financeiramente, que teríamos ótimas férias e uma bela casa, e que eu encontraria nessa casa uma família feliz e amorosa. Não sabia que enfrentaríamos problemas financeiros, que teríamos um carro velho, e que eu iria encontrar em casa uma esposa cansada e as obrigações compartilhadas da vida familiar. A realidade do meu mundo não batia com a minha estrutura neuroimaginal de como a vida deveria ser. Minhas percepções equivocadas de como a vida deveria ser me deixavam cansado, furioso, ansioso e deprimido. Isso foi a primeira chave para reconhecer o que devia mudar, mas eu ainda precisava de um pontapé mais forte no traseiro para me incentivar a buscar uma mudança verdadeira.

CINCO

Quando Seu Mundo Desaba

Quando eu estava com 30 e poucos anos, minhas crenças de como minha vida deveria ser estavam me matando. Continuei meditando e estudando filosofia oriental, inteligência emocional e neurofisiologia. Inicialmente adquiri esse conhecimento para ensiná-lo aos meus pacientes, mas mediante esse processo comecei a perceber que era eu quem precisava de ajuda. Eu me dei conta de que não era o mundo que estava me prejudicando — eu estava me fazendo mal. Se, como meu pai dizia, havia alguém que queria me machucar, esse alguém resultou ser eu mesmo e a minha visão de vida.

Comecei a fazer aulas de ioga com meus pacientes e a estudar a ciência da ioga e da meditação. Essas novas técnicas, práticas e esses estudos começaram a me dar uma sensação de liberdade da caixa limitadora na qual eu estava vivendo. Eu não sabia aonde isso ia me levar, mas a sensação de forçar e arranhar as paredes da caixa era boa.

Minha ansiedade lentamente começou a desaparecer. Notei que, quanto menos ansioso eu estava, mais limpa e criativa ficava a minha mente. Aprendi que isso é um efeito fisiológico. Cérebros inundados por hormônios do estresse não funcionam tão bem quanto cérebros livres de estresse. Também descobri que, junto com a meditação, os exercícios me ajudavam a dormir melhor e pensar mais claramente. E, o mais importante, comecei a aprender que a meta não estava no fazer, mas no ser. Como dizem os budistas: "Antes da iluminação, corte lenha, carregue água. Depois da iluminação, corte lenha, carregue água." Eu precisava aprender a viver dentro da minha rotina diária com claridade e felicidade, e entender que o resultado final seria a autenticidade e uma sensação de conexão com propósito e significado. Percebi que o desafio não era aprender a ser um grande médico, mas aprender a viver uma vida maravilhosa usando minhas habilidades e meus conhecimentos médicos. Eu precisava prestar atenção à vocação da minha alma.

Durante essa jornada, li o livro de Dean Ornish sobre como reverter doenças cardíacas usando ioga, apoio social, exercícios e uma dieta vegetariana. Ao ler o livro, a voz de Dean soava como a minha voz. Era bizarro ler palavras que pareciam sair da minha própria boca. De alguma maneira, ele verbalizou e demonstrou brilhantemente, mediante cuidadosa pesquisa, o que eu pensava e dizia aos meus pacientes. Eu sabia que iria trabalhar com ele um dia.

Isso parecia um chamado da alma que não podia ser ignorado. Eu podia encontrar a realização na minha carreira médica. Não precisava desistir de ser médico para ser feliz. Entrei em contato com Dean e disse que estaria em São Francisco e gostaria de me encontrar com ele. Na verdade, eu não tinha nenhum outro motivo para ir. Menti, mas sabia que precisava encontrá-lo. Conversamos por algum tempo, e eu contei que estava tratando pacientes na Filadélfia usando ioga, meditação, grupos de apoio e dietas com pouca gordura. Ele ficou felicíssimo ao saber que eu estava tendo tanto sucesso com uma abordagem das doenças cardíacas parecida com a dele. Ele estava começando a oferecer retiros para pacientes cardíacos e perguntou se eu gostaria de contratar os funcionários e dirigir os aspectos médicos do programa.

Durante os anos seguintes, em muitos desses retiros de uma semana, me dediquei mais a essa maneira holística de tratar os pacientes. Também aprendi a dar aula e adorei. Falar diante do público se tornou fácil e divertido. Quatro vezes por ano, eu ia para a Califórnia para ser o diretor médico dos programas de retiro Ornish. Depois voltava para a Filadélfia para "cortar lenha e carregar água", continuando a rotina da minha vida diária.

Então o Destino/Deus/Espírito, ou simplesmente a sorte, surgiu na minha vida. No entanto, na época aquele episódio não me pareceu ser muito fortuito.

Morávamos numa casa de três andares construída em 1895. Tinha um lindo assoalho de carvalho, portas-janelas e lareiras de madeira entalhada. Nosso vizinho, dono da casa ao lado, estava escavando seu porão. Ele não reforçara bem os alicerces antes.

Numa manhã tranquila de sábado, enquanto Kathy estava atendendo pacientes no hospital e eu estava em casa com Will, de 2 anos, e Cheryl, de 8, comendo salgadinhos, ouvi um estrondo. A sensação e o som eram de uma parede caindo, como num terremoto. Operários esmurraram a porta da nossa casa e disseram pra gente sair imediatamente. A casa de três andares do vizinho, ao lado da nossa, havia desabado, e nossa casa se tornou inabitável. Fiquei sentado na calçada com as crianças, que ainda estavam de pijama. A polícia e os bombeiros chegaram para isolar nossa casa. Ficamos sem teto e sem acesso aos nossos pertences.

No dia seguinte, Dean e eu conversamos e contei o que aconteceu. Ele disse:

— Será que você precisa de um sinal mais claro? Venha morar na Califórnia.

Depois de muitas manobras e meses de batalhas jurídicas com companhias de seguro, nos mudamos para a Califórnia. Era o universo me forçando a superar meu medo de mudança. Agora eu era o diretor médico do Instituto de Pesquisa de Medicina Preventiva.

Talvez o mais importante seja que essa mudança gerou profundas relações pessoais com muitos ótimos terapeutas e professores de ioga que trabalhavam no instituto. Isso ajudou a aprofundar imensamente minha prática e meu crescimento pessoal. Por desejar os benefícios físicos da ioga e da meditação, também comecei a experimentar os benefícios espirituais. Ganhei um senso maior de conexão com coisas fora de mim mesmo. Também desenvolvi uma intuição aguçada, a sensação de saber sem saber por quê. Fiz contato com minha sabedoria interior, o que poderíamos chamar de nosso eu conhecedor.

Também aprendi algo profundo. Eu não podia "controlar" o estresse. O estresse era simplesmente minha reação aos acontecimentos da vida. Não era algo a ser controlado. Quando acontecia, acontecia. Meus pais me ensinaram a procurar o estresse na vida. Percebi que procurar estresse cria estresse. Quanto mais eu procurava, mais encontrava. O que eu podia começar a fazer agora era mudar minha perspectiva dos acontecimentos da vida.

Comecei a aprender quão pouco controle eu tinha sobre esses acontecimentos, e como às vezes uma tragédia se torna uma bênção. Aprendi a sentir gratidão à luz de circunstâncias ou acontecimentos adversos. Minha casa desmoronou e consegui enxergar isso como um golpe de sorte. A maioria das pessoas com quem falo experimentou dificuldades significativas, mas depois as viu como acontecimentos positivos, ou até mesmo dádivas de Deus.

Se eu procurasse diversão, alegria e irreverência, encontraria diversão, alegria e irreverência. Se eu procurasse problemas, estresse e sofrimento, seria isso o que eu encontraria. Descobri que se a cada noite eu escrevia ou contava para Kathy três coisas pelas quais eu era grato, cada dia se enchia de mais diversão e alegria. O medo e a ansiedade começaram a desaparecer. Também descobri a aceitação das coisas estressantes da vida como parte da vida, e nessa aceitação encontrei paz. Minha visão neuroimaginal do mundo havia se expandido. Isso me seria bastante útil 25 anos depois, quando tive que enfrentar o câncer.

SEIS

Sentar e Ficar Quieto

Encoste o ouvido em sua alma e ouça com atenção.

— Anne Sexton

Minhas recém-adotadas práticas de meditação e ioga começaram a mudar minha vida e minha atitude. Eu estava menos mal-humorado, gritava menos com as crianças, apreciava mais meu trabalho, e não sentia mais a pressão torturante da discórdia na minha alma.

Além do mais, mediante a leitura e a prática, comecei a ter consciência dos benefícios da meditação para a saúde. Eu sabia que, quanto maior nossa sensação de paz, melhor o coração, o cérebro e o sistema imunológico trabalham. Verifique seus batimentos cardíacos enquanto respira profundamente e sinta como eles desaceleram.

Foram essas descobertas que me levaram a aumentar a prática da meditação quando o câncer foi diagnosticado. Eu sabia que, quanto mais eu meditava, mais saudáveis os sistemas do meu organismo ficavam e melhor eu resistiria ao crescimento das células cancerosas. Também sabia que isso me ajudaria a lidar com os problemas emocionais que surgiriam durante o tratamento e a controlar a dor e a náusea decorrentes da quimioterapia e da radioterapia. A meditação sempre foi o meu remédio mais potente.

Se existisse um remédio que mudasse a vida dessa maneira, sem efeitos colaterais, aposto qualquer coisa que seria o remédio mais vendido no planeta, no entanto, ele está disponível a todos sem receita e, ah, sim, é de graça. Então, por que todos não meditam? Porque a meditação só funciona se praticada quase diariamente, e a prática requer tempo e dedicação. Como já dizia a piada: Como se chega ao Carnegie Hall? Com anos e anos de prática.

Algumas pessoas acham que a meditação tem alguma conotação religiosa. Muitas religiões usam a meditação, mas algumas a chamam de oração. Alguns dizem que orar é falar com Deus ou com o universo e meditar é ouvir a resposta. Não há diferença, na verdade. Se você prefere orar, faça isso todo dia por vinte a trinta minutos. Sugiro que você não ore pedindo o que quer, mas que agradeça a Deus pelo que tem, uma oração de afirmação.

Você já ficou sentado e quieto numa praia, hipnotizado pelas ondas, pela imensidão de tudo? Já tocou um instrumento, fez jardinagem ou praticou algum hobby e de repente percebeu que por um momento tinha esquecido onde estava e quem era? Já orou e sentiu uma conexão com algo maior que você? Esses são momentos de meditação, momentos em que seus pensamentos ficam silenciosos o bastante para que você seja apenas você — sozinho e em paz —, e isso é o suficiente.

Quando ensino meditação aos meus colegas médicos, eu os encorajo a curtir esses momentos e prestar atenção a como se sentem nesse lugar de paz ou reverência, e a passar alguns minutos a mais nesse estado antes de ir para a atividade, o acontecimento ou a ideia seguintes. Apenas se sentar, respirar suavemente e prestar atenção a como se sentem, ao que ouvem e ao que veem. Tentando não julgar nada como bom ou ruim, certo ou errado, apenas aceitando tudo pelo que é. Isso é atenção plena.

Na linguagem da psicologia, existem momentos transpessoais. Na linguagem da religião, estamos conectados com Deus ou o Espírito. Na linguagem da neurofisiologia, estamos mudando o equilíbrio entre epinefrina, norepinefrina, dopamina e serotonina (os hormônios do estresse e do relaxamento). Com o passar do tempo, mudamos inclusive a anatomia do cérebro, o que melhora nosso foco, nossa concentração e nossa consciência.

A meditação diminui o medo e a ansiedade afetando a função do nosso medroso cérebro de sobrevivência. Essa parte do cérebro é uma fonte potente de medo e comportamentos autoprotetores. Ela existe para nos ajudar a abordar e reagir rapidamente a perigos em potencial. Para muitos de nós, ela se torna hipervigilante (sempre alerta) e em desequilíbrio com o resto do cérebro. Um exemplo extremo disso é o TOC (transtorno obsessivo-compulsivo), no qual quase tudo é percebido como uma ameaça. Esse estado hipervigilante força o indivíduo a superanalisar (obsessão) e cria a necessidade de a pessoa tentar criar segurança continuamente mediante ações ou comportamentos rotineiros ou repetitivos (compulsão). A pessoa pode ter consciência desses comportamentos anormais, mas não consegue regulá-los nem controlá-los.

O cérebro de sobrevivência também é a fonte do nosso medo da morte, a ameaça definitiva à sobrevivência. Quando o cérebro de sobrevivência está excitado demais, o medo da morte permeia nossas vidas, diminuindo nosso desejo de correr riscos e tentar coisas novas. Nosso potencial criativo e nossas experiências ficam limitados por causa do nosso medo de correr riscos. A vida se torna uma armadilha baseada no medo.

A conexão de uns com os outros e o apoio mútuo ajudam as comunidades a sobreviver a adversidades. Vemos isso claramente durante tragédias como a de 11 de setembro de 2001, quando o país inteiro se tornou uma comunidade determinada a sobreviver. Todos ficamos em risco por aquele breve momento, e nos tornamos um só. Uma vida baseada no medo que não é compartilhada com outros diminui nossa capacidade de nos conectarmos. Quando as pessoas ficam sozinhas com seus medos, elas tendem a se isolar, bloqueando o instinto humano de procurar apoio. Isso leva à solidão, à depressão e ao desespero.

O medo pode ser uma terrível prisão. A meditação pode ser a chave que abre a porta da cela.

A mudança, mediante a meditação, acontece no córtex cingulado anterior, que é a região que controla e equilibra o cérebro de sobrevivência/emocional. Gosto de pensar nele como nosso guru interior, a parte do nosso cérebro que faz as funções de sábio supervisor dos acontecimentos da vida. Quando algo é percebido como perigoso, o cérebro de sobrevivência ou cérebro emocional consulta o cérebro guru, que apoia ou controla a reação de estresse. O cérebro guru nos diz se essa reação de estresse é adequada para a situação. Com a meditação, o caminho do cérebro de sobrevivência para o cérebro guru passa de estrada de mão única a supervia (ele realmente se torna mensuravelmente maior e mais veloz). Temos acesso mais rápido ao nosso guru interior, à nossa sabedoria interior, e isso nos acalma quando estamos ficando tensos demais. É isso que diminui nossa reação de estresse aos acontecimentos da vida. Temos acesso à nossa sabedoria interior mais rapidamente. Esse acesso muda a nossa perspectiva, e nós paramos de nos preocupar com bobagens. Não é que estejamos aprendendo a controlar o estresse — a reação de estresse simplesmente não acontece.

O efeito geral desse acesso rápido à nossa sabedoria interior é uma redução dos hormônios do estresse, o que ajuda muitas funções do organismo, como a pressão sanguínea e a circulação, a respiração, e a percepção da dor e do desconforto físico, além de diminuir o risco de entupimento das artérias, perturbações do ritmo cardíaco e infartos. Mediante a mudança nos caminhos do cérebro, ele modifica o medo e a ansiedade. Também melhora o sistema imunológico. Resultados nada ruins para vinte minutos diários — o tempo mínimo necessário para mudanças duradouras — de meditação.

Foi por isso que escolhi a meditação como um dos tratamentos básicos do meu câncer. Ela realmente equilibra as funções corporais. Quando o câncer foi diagnosticado, meu cérebro guru disse: "Não esquenta. Não vamos saber como é a morte enquanto não chegarmos lá." Morrer é o que é, e não há motivo para se preocupar por antecipação. A meditação, a gratidão e a renúncia ao controle curaram meu medo da morte.

Embora a meditação possa parecer uma tarefa difícil para a maioria de nós, começar aos poucos e adquirir prática são a maneira mais fácil. Aprender com cursos gravados, como eu fiz, é fácil e barato. No ensino da meditação, descobri que, se começarmos com cinco a dez minutos de prática duas vezes ao dia, é mais fácil controlar o cérebro atribulado. Por causa disso, criei o meu próprio CD de meditação, que orienta o aluno na construção de um hábito.

Outra maneira de começar é frequentar um curso. Costumo recomendar isso também. Como no aprendizado de qualquer habilidade nova, a meditação requer prática diária. A habilidade aumenta à medida que o cérebro muda e a prática começa a parecer natural. Pode haver alguns dias em que você não conseguirá fazer seu cérebro atribulado parar. Não se preocupe; depois de trinta anos de prática, eu ainda acho graça dos meus pensamentos, que insistem em não calar a boca!

Na filosofia budista, a meditação é apresentada como uma maneira de nos ajudar a diminuir o sofrimento. O sofrimento é descrito como uma falta de contentamento ou de paz. Ele surge quando nossas expectativas não são atendidas pela nossa experiência no mundo real. Eu já não precisava mais sofrer com os aspectos mundanos da minha vida, e nem com as questões bem menos mundanas relacionadas à morte. O sofrimento é opcional.

A meditação nos ajuda a ter um senso de realidade melhor, que vai além das histórias que contamos a nós mesmos sobre como a vida deveria ser. Essencialmente, ela nos oferece uma consciência aumentada. Ela permite que sejamos observadores das nossas próprias histórias (nosso mundo neuroimaginal) em vez de sermos controlados por elas. Ela nos liberta da caixinha limitadora que criamos para nossa vida, nos permite aceitar a realidade como ela é. Não preciso ficar com raiva porque pessoas de 52 anos não deveriam morrer de câncer no esôfago. Aqui estou, e o câncer também está. A raiva não tem nenhuma utilidade.

A meditação também me ajudou a ver que minhas expectativas eram só histórias que eu contava a mim mesmo sobre a vida. Fiquei livre do que a vida deveria ser e me tornei capaz de aproveitá-la como ela é.

Passamos a vida inteira inventando histórias sobre como ela deveria ser e o que é a verdade. Estou convencido de que a mente simplesmente gosta de se manter ocupada. Você já esperou por alguém no restaurante e começou a se contar histórias sobre as pessoas ao redor? Aquele casal está brigando porque ele está tendo um caso com a secretária; aquele outro casal está no primeiro encontro, mas não está indo bem. Já julgou outra pessoa e criou uma história sobre o que a motiva, para depois descobrir que estava enganado? Nossa mente tenta criar histórias para nos ajudar a entender o mundo e nos encaixar nas nossas crenças. Esse é o nosso mundo neuroimaginal, o mundo que criamos em nossa mente para entender os acontecimentos.

Às vezes, o simples ato de mergulhar no nosso interior, ficar quieto e ouvir é o bastante para aprendermos mais sobre a vida ou sobre a morte. Não precisamos preparar uma lista de coisas novas para ver e fazer. Só precisamos sentar, ouvir e aprender.

Com o tempo, essa se tornou minha filosofia de vida. Preste atenção nas coisas boas que acontecem todo dia e aproveite o que elas *são*, não o que *deveriam* ou o que *poderiam* ser. Aproveite cada sanduíche. Minha vida é o meu sanduíche, e o melhor que faço é saborear cada mordida.

Eu achava que estava fazendo isso para encontrar paz na minha vida agora. Era ótimo: menos medo e ansiedade e mais prazer. Eu não imaginava que estava no ponto mais alto de uma montanha-russa, prestes a descer.

SETE

Será Que Estou Ficando Maluco?

Só existem duas maneiras de viver sua vida. Uma é como se nada fosse um milagre. A outra é como se tudo fosse um milagre.

— Albert Einstein

Quanto mais eu meditava e praticava ioga, mais eu começava a sentir uma aparente capacidade de prever acontecimentos, entender outras pessoas, e ver o que outros viam. Isso era muito estranho. Era real ou imaginação? Eu estava perdendo meu contato com a realidade?

Lembro que estava andando com meu amigo Glenn nas colinas de Marin County quando o celular dele tocou. Impulsivamente, eu disse:

— Não se preocupe com o cream cheese.

Eu não fazia ideia de onde esse pensamento tinha vindo. Glenn era presidente de uma grande empresa do ramo de alimentos, e a ligação era para informá-lo de que um lote de cream cheese havia sido enviado e podia estar contaminado. Eu não tinha como saber do cream cheese contaminado, mas surgiu essa afirmação — de alguma forma, eu sabia.

Pequenas sincronicidades e "adivinhações" se tornaram comuns, embora fossem sempre uma surpresa e sempre intrigantes. Não sei explicar, mas eu estava vislumbrando algo que antes era inacessível. Podia ser uma parte não explorada do meu cérebro que estava me dando essas informações, ou algum contato com uma fonte externa de informação que eu não compreendia. Era perturbador, mas também fascinante. Minha mente científica estava curiosa, e comecei a anotar esses momentos intuitivos. Descobri que, quanto mais eu prestava atenção aos meus momentos intuitivos, ou adivinhações, mais eles pareciam se realizar. Aos poucos, comecei a me sentir à vontade com minha capacidade de prever coisas. Francamente, meu ego entrou em ação. Talvez eu tivesse superpoderes — o sonho de toda criança! Descobri que, como qualquer outro sentido, minha intuição podia ser cultivada com atenção e maior uso. Ela me ajudava muito na minha carreira como médico.

Foi nessa época, vários anos antes de receber o diagnóstico, que tive minha primeira experiência de que hoje seria um bom dia para morrer. Eu dava aulas de prevenção de doenças cardíacas num retiro para o público leigo. Compartilhava o púlpito com amigos que admirava e me sentia muito satisfeito. Kathy e eu nos sentamos no jardim, olhando para as cordilheiras ao redor de Santa Barbara, respirando o ar fresco e ouvindo o canto dos pássaros, de mãos dadas. Naquele momento, a vida estava completa. Eu jamais me sentira assim antes. Virei para Kathy e disse que, se eu morresse naquele dia, estaria tudo bem. Sabendo da minha capacidade de prever acontecimentos, ela ficou bastante agitada e queria que eu fizesse um checkup total (ela é médica, afinal). Expliquei que eu não estava sentindo que ia morrer, mas que simplesmente estaria tudo bem se eu morresse. Eu estava realmente em paz e satisfeito com a vida.

Com o passar do tempo, meu conhecimento intuitivo levou a outras experiências que eu jamais poderia ter imaginado, a ponto de eu realmente questionar minha sanidade. Comecei a ter o que se poderia chamar de regressões a vidas passadas. Embora gostasse de filmes e livros sobre reencarnação, eu era muito cético a respeito da sua existência.

Tudo começou numa viagem até Omaha, Nebraska, onde funcionava um dos locais de pesquisa do nosso Programa Ornish de Reversão de Doenças Cardíacas. A professora de ioga daquele centro, Susi, dissera que eu iria gostar de conhecer sua amiga Sandy.

Naquela mesma semana, seis pessoas da nossa equipe de pesquisa estavam sentadas no pátio externo de um pequeno restaurante. Era uma noite úmida em Nebraska, e eu podia sentir a umidade do ar na minha pele. Durante a refeição, Sandy entrou no restaurante.

Ela se sentou à nossa mesa, na minha frente. Quando olhei para ela, tive a sensação de já conhecê-la de algum lugar. Era perturbador. Havia uma sensação palpável que eu não entendia nem jamais experimentara, mas mesmo assim podia senti-la em cada fibra do meu corpo. Era como a descarga de adrenalina sentida na primeira descida de uma montanha-russa. Mas eu estava sentado no pátio de um restaurante natural no centro de Omaha, Nebraska. Sandy era uma mulher muito bonita, com cabelo castanho-escuro ondulado e olhos azul-escuros, mas eu não podia atribuir a sensação apenas à típica reação masculina ao ver uma mulher bonita. Eu estava agitado e nervoso — com a sensação que se tem depois de tomar muito café. Na época, não fazia ideia do motivo dessa minha reação.

Depois do jantar, Sandy me puxou para um canto e disse:

— Você vem comigo.

Isso me surpreendeu, mas ela também devia ter sentido alguma coisa. Eu não disse nada.

Num semáforo, vi Sandy prender o cabelo atrás da orelha direita. Naquele momento, eu a vi não como ela era, mas como uma mulher diferente, usando um vestido branco, antigo, de colarinho alto, andando de carruagem. A mulher que vi tinha cabelo preto e traços marcantes. Eu já tinha visto essa mulher várias vezes em sonhos nos últimos meses, mas não havia pensado mais a respeito disso até aquele momento. Apenas por aquele instante, Sandy não era mais Sandy. Experimentei uma sensação de tontura, como se estivesse caindo de repente, como quando um avião encontra um bolsão de ar. A experiência era perturbadora, transcendental, e completamente real.

— Sandy, está acontecendo algo muito esquisito.

Ela esperou um momento e disse baixinho:

— Eu sei — como se não fosse surpresa para ela.

Dirigimos em silêncio o resto do caminho até o bar onde nosso grupo estava.

Rimos e dançamos. De repente, enquanto dançávamos, ela encostou a cabeça no meu peito, e eu me senti atingido por um sarrafo. Quando falamos e eu olhei nos olhos dela, senti que estava caindo num vácuo. Eu não fazia ideia do que estava acontecendo, mas, quando finalmente fui me deitar naquela noite, senti calafrios, tremores e descargas de energia por todo o corpo. Não era febre ou mal-estar. Depois disso, aprendi sobre as experiências kundalini. Elas são grandes fluxos de energia natural, parecidas com uma onda de choque elétrico, que pulsam pelo corpo quando as comportas de energia são escancaradas. Embora não soubesse disso na época, eu estava tendo uma experiência kundalini. Liguei para Sandy às três e meia da manhã, da minha cama no hotel, suando desconfortavelmente. Sandy estava tendo uma reação parecida. Exausto, finalmente dormi por algumas horas.

Na manhã seguinte, no voo de volta, comecei a ter visões nítidas de Londres em meados do século XIX. Eu me vi andando por uma estrada de terra perto de um riacho, com uma mulher chamada Victoria. Era a mulher que eu vira quando Sandy ajeitou o cabelo no carro na noite anterior. Eu vi nós dois numa casa branca de três andares perto de Regent's Park, parecida com a casa do filme *Mary Poppins*. Eu me via como um cirurgião alemão alto, chamado Richard Volkmann, que estava apaixonado por Victoria. Vi o bairro onde fazíamos caminhadas e o lugar onde estudei, e até vi o dia em que ela morreu de uma gravidez ectópica depois de uma festa ao ar livre (sim, eu conseguia ver todos esses detalhes). Também me vi bebendo até morrer, aos 60 anos, depois de não poder salvar a vida dela. Achei que estava tendo um colapso psicótico.

Ao voltar de Nebraska, eu não tinha como explicar isso a Kathy. Engolir que o marido se lembrara de uma existência passada com uma linda mulher seria difícil para qualquer uma. Eu podia imaginar Kathy perguntando sobre a viagem e eu respondendo: "Ah, foi legal. Fui até o hospital, olhei as fichas dos pacientes, conheci a equipe clínica, jantamos bem, e depois saí para dançar com meu grande amor do século XIX." Isso não seria muito bem aceito. Eu ainda não conseguia entender se era apenas uma atração por outra mulher ou se eu estava mesmo ficando louco. Estava vendo coisas que não existiam e sentindo emoções como se elas fossem reais. Será que eu ia acabar virando mendigo e falando com gente que viveu há mais de cem anos?

Essa experiência era tão fora do normal para mim que eu não conseguia imaginar o que estava acontecendo. As lembranças e as emoções pareciam reais, mas de modo algum poderiam ser. Como eu poderia ter vivido no século XIX e estar vivo agora? Mesmo se isso fosse possível, como eu conseguia me lembrar de tudo aquilo com tantos detalhes? Eu estava realmente preocupado e assustado com o que estava acontecendo. Você já acordou de um sonho que parecia real e não conseguiu se livrar da sensação, mesmo horas depois de acordar? Imagine essa experiência, só que cem vezes mais forte.

À beira de uma crise, no dia seguinte contei ao meu grande amigo Jim Billings, psicoterapeuta e teólogo por formação, o que estava acontecendo, e perguntei se eu devia me internar num hospital psiquiátrico. A resposta dele foi muito clara: "Não, porque você consegue fazer essa pergunta." Isso me fez parar e pensar. Como clínico, eu sabia que ele tinha razão. Se eu tinha consciência dessas imagens e conseguia separá-las da "realidade", não precisava ser internado, mas certamente precisava de ajuda! Fiquei surpreso quando Jim me disse: "Eu já estava esperando que isso acontecesse." Aparentemente, ele vira o fenômeno borbulhando em mim durante muitos meses e já o previra. Por algum motivo, isso me deu uma sensação de paz. Um terapeuta íntimo e de confiança estava me dizendo que eu iria ficar bem, aliás, melhor do que bem; ele me disse que isso seria bom. Eu ainda não conseguia acreditar nele;

minha caixa neuroimaginal estava prestes a se expandir, mas eu ainda não estava pronto.

Jim sugeriu que eu lesse livros sobre emergência espiritual e vidas passadas. Carl Jung, Stanislav Grof e muitos outros psicoterapeutas escreveram muito sobre crises e despertares espirituais nos últimos cem anos. Aprendi que muitas pessoas que estão atravessando momentos difíceis na vida têm um despertar individual, em alguns casos incluindo vidas passadas, mas sempre incluindo a consciência da "grandeza" do universo. Esses primeiros exploradores explicaram que nós somos só uma pequena parte do que está acontecendo nos universos físico e espiritual, e que, quando nos damos conta dessa realidade, nos sentimos muito, muito pequenos. Percebemos que talvez jamais possamos entender a vida, e que estamos à mercê de muitas forças desconhecidas. Embora fosse, para mim, um momento muito assustador, isso abriu um senso de mistério e assombro que eu jamais havia sentido. Meu mundinho de médico, pai e marido estava desabando diante de meus olhos. Eu estava aterrorizado e encantado ao mesmo tempo.

Meu amigo Edgar Mitchell, o astronauta da missão Apolo, teve uma experiência assim ao sair de trás do lado escuro da Lua. Naquele momento, Edgar percebeu o quanto ele era pequeno no esquema geral das coisas, e, embora fosse um cientista instruído, tomou consciência e assombrou-se diante do pouco que sabia sobre o universo e o sentido da vida.

Para Edgar, esse encantamento, esse despertar, aconteceu numa cápsula lunar no espaço. Para mim, aconteceu andando num Nissan, em Omaha.

Aos poucos, comecei a entender que minha experiência era um despertar espiritual, não uma psicose. Eu estava ganhando a sensação de algo maior que eu, a sensação de que o tempo não é necessariamente linear. Essa constatação era muito perturbadora para minha vidinha cotidiana, mas, depois de muitos meses, fui ficando cada vez mais acostumado com ela. Não entender o mundo, não estar no controle, aceitar o mistério, foi ficando tolerável para mim.

Num contexto religioso, eu estava ganhando uma conexão com Deus ou o Espírito. Para mim, isso foi o começo da renúncia ao controle. Se havia algum plano, não era o meu. Como eu poderia controlar algo que não entendia realmente?

Sempre tive a sensação de que a ciência não era suficiente para explicar minhas experiências e o sentido da minha vida, se é que havia um sentido. Depois dessas regressões e à medida que fui estudando mais, percebi que a ciência atual é apenas um apanhado de teorias sobre o que o mundo, a vida e o universo devem ser, não o que são. Somos homens das cavernas esperando pelo fogo. Somos físicos newtonianos esperando por Einstein.

Todos temos experiências inexplicáveis de sabedoria. Eu e muitos outros médicos já tivemos certeza, num nível profundo, de que um paciente iria sobreviver ou morrer, mesmo quando os dados disponíveis diziam o contrário. Muitas pessoas com as quais conversei já tiveram intuições ou sonhos compartilhados com parentes próximos, sabendo que algo estava errado, mas sem entender como sabiam. Essas experiências e sincronicidades são comuns, mas não costumamos falar sobre elas porque temos medo de que nos chamem de loucos. Não conheço ninguém que, se desafiado a isso, não possa revelar algum acontecimento assim em sua vida, onde não há uma explicação racional.

Li pesquisas interessantes sobre regressões a vidas passadas. Cientistas procuraram indivíduos, às vezes crianças pequenas, que parecem ter lembranças de vidas e famílias que não poderiam conhecer por meio de contatos "normais" em suas vidas atuais. O falecido médico Ian Stevenson, da Universidade da Virgínia, publicou vários textos sobre isso. Por mais de quarenta anos, Stevenson estudou mais de 3 mil casos de possíveis vidas passadas. Ele conseguiu descrever e identificar muitas lembranças de vidas passadas em crianças, que foram verificadas por outras pesquisas. Eu me lembro da história de uma criança do Oriente Médio que se "lembrava" de sua esposa de uma vida passada e descreveu aos pesquisadores a vida do casal com riqueza de detalhes. Depois, as equipes de pesquisa localizaram essas famílias pelo nome e verificaram que as histórias eram reais. Não havia como uma criança que morava a centenas de quilômetros de distância conhecer aquelas famílias. Stevenson também catalogou mais de quarenta casos em que estranhas marcas de nascença em crianças que se lembravam de vidas passadas estavam no mesmo lugar de cicatrizes ou feridas de uma vida anterior.

Sua Santidade, o respeitadíssimo Dalai Lama, é supostamente a 14ª reencarnação de Dalai Lamas do passado. Então por que eu não poderia ser um cirurgião desconhecido da Alemanha?

Eu relutava em pesquisar minha lembrança de Richard Volkmann, mas a curiosidade acabou superando meus questionamentos. Descobri que existiu de fato um cirurgião ortopédico alemão bem conhecido chamado Richard Volkmann, que viveu e morreu nas datas de que eu me lembrava. Ele fazia visitas frequentes a Londres e era muito conhecido na comunidade médica e científica do Reino Unido. Minha lembrança de que ele tinha problemas com a bebida eram refletidas nas declarações de seus biógrafos de que no fim de sua vida ele estava "numa dieta líquida". Até hoje não descobri nenhuma informação sobre uma mulher chamada Victoria na vida dele, mas esse pode ter sido um relacionamento fora do casamento e não documentado. Será que ouvi o nome Richard Volkmann durante o curso de medicina? Isso é possível, mas muito improvável, pois ele não é uma figura historicamente importante na medicina, e eu não sou cirurgião (pelo menos não nesta vida). Mesmo se eu tivesse ouvido falar dele, não teria ficado sabendo de suas viagens a Londres, da data de sua morte ou de sua dieta líquida no curso. Continuo um pouco cético, mas fui ensinado a interpretar dados, e os dados me sugerem algo mais do que mera coincidência.

Minha vida parecia uma montanha-russa de incertezas. Comecei espontaneamente a ter vislumbres de outras vidas passadas. A vida que eu conhecia não existia mais. Minha visão do mundo estava mudando, e a vida e a morte se tornaram mistérios ainda maiores. Eu não tinha certeza nem me sentia à vontade vivendo no aqui e agora, mas ia levando. Em certos momentos, mal sabia distinguir o aqui e agora do passado. Jim, bendito seja, me ajudou durante o processo, e consegui me manter são. Kathy ficava muito perturbada com tudo isso e não sabia o que fazer. Seu marido, o médico estável, o diretor de medicina de um instituto de pesquisa, estava *ficando maluco*! Isso não fazia parte do combinado, e ela se recusava a falar do assunto comigo: simplesmente me deixava falando sozinho toda vez que eu tentava conversar.

Meu mundo estava se expandindo, mas Kathy não podia me acompanhar. Era muito doloroso. Eu precisava esconder aquilo que estava se tornando uma parte significativa da minha crença. Parecia que eu estava vivendo uma mentira. Depois de muitos meses e muito refletir, percebi que, se ela não podia ao menos aceitar que aquilo era real para mim, eu não poderia mais viver com ela. Era o equivalente de uma pessoa que se torna religiosa viver com um ateu que não está nem disposto a falar sobre a existência de Deus. Mas, nas semanas seguintes, me dei conta de que não precisava que Kathy pensasse como eu; só queria que ela me aceitasse por quem eu era e quem eu estava me tornando. Eu a amava muito e queria ficar com ela, mas não podia continuar a viver com ela e fingir que minha vida não havia mudado radicalmente.

Enquanto estávamos arrumando a cama juntos uma manhã, eu disse a ela:

— Se você não consegue me ver e me aceitar como sou, não posso mais ficar aqui, mas, se você puder, quero ficar com você pelo resto da vida. — Eu tinha pensado nessa frase por semanas e sabia que era verdadeira.

Seus olhos se encheram de lágrimas, ela olhou para mim e disse:

— Vou tentar.

Nos dias e nas semanas seguintes, ela fez perguntas sobre essas aventuras em vidas passadas, leu o livro *Muitas Vidas, Muitos Mestres*, de Brian Weiss, sobre as experiências dele com uma paciente e sua regressão a vidas passadas. Alguns meses depois, Kathy almoçou com Brian e se sentiu à vontade participando da conversa.

Minha esposa é realmente extraordinária e forte. Quando a situação aperta, ela está disposta a mudar de perspectiva rapidamente. De muitas maneiras, ela estufa o peito e segue em frente. Às vezes isso me basta.

Minhas lembranças de vidas passadas continuavam vindo. Em muitas delas, eu era médico. Numa delas, eu era um médico na França na época da peste que sucumbira à exaustão e à falta de cuidados com ele mesmo. Em outra, eu era um jovem cientista na Grécia Antiga que só se importava com a ciência e não tinha vida própria além dos estudos. E, claro, eu era o ensimesmado cirurgião alemão que não conseguira salvar a mulher que amava. Essas imagens vinham nas minhas meditações, no sono, ou nos momentos de quietude. Elas eram perturbadoras, mas depois de alguns meses comecei a aceitá-las e até a antecipá-las. O psicótico e o espiritual se tornaram costumeiros.

Comecei a ver um padrão nessas vidas. Eu frequentemente era um profissional da medicina lutando com problemas pessoais. Havia uma obsessão constante com a perfeição, atenção demais com a ciência e de menos com a humanidade, envolvimento excessivo com os pacientes e arrogância. Sob muitos aspectos, era como se eu estivesse recebendo o esboço do livro que escreveria anos depois, *Finding Balance in a Medical Life* (Encontrando Equilíbrio na Vida Médica). Isso também me fez entender algo que se tornou um princípio de vida para mim: é menos importante entender a fonte da informação do que entender como ela informa e orienta a minha vida hoje. Eu não estava sendo guiado para me tornar um guru. Estava aprendendo como ensinar aos meus colegas por meio das minhas vidas, sem ter que revelar a fonte da informação. As mensagens dessas experiências com vidas passadas eram muito úteis.

Nos meses seguintes, eu iria acordar às três da manhã ouvindo as palavras *mude a medicina*. Eu ficava ansioso com isso, pois a ideia de mudar o mundo da medicina parecia impossivelmente imensa. Como uma pessoa poderia fazer isso? Por onde eu iria começar? Eu não fazia ideia do que isso significava. Tampouco queria pôr minha vida mais em risco, deixando um emprego com um bom salário e benefícios. Mas a resistência só é possível até certo ponto.

Foi numa noite quente de verão, enquanto meditava no nosso quarto de hóspedes, que me foi mostrada a minha morte nesta vida. Eu jazia, magro e pálido, aos 78 anos de idade, numa cama com barras de alumínio, morrendo de câncer, rodeado pela minha família. O quarto era verde-hospital. Eu estava em paz. Vi que meu trabalho de mudar a medicina estava concluído e que eu não havia perdido minha família para fazê-lo (meu maior medo). Foi naquele momento que concordei em assumir a tarefa de mudar a medicina, fosse lá o que isso significasse, e mesmo sem ter um plano. Foi também então que percebi que, se havia algum plano maior, eu não fazia ideia do que ele era. Eu só podia tentar acompanhá-lo o melhor possível. Comecei a abandonar minha necessidade de controle sobre o quadro geral das coisas.

Ver minha própria morte nesta vida, e saber que já tinha estado aqui antes, também me deu um profundo senso da continuidade da vida. Eu sabia que a vida não começa ou termina nesta existência. Ela é só uma parte do quebra-cabeça, do mistério e da aventura. Isso torna muito mais fácil aceitar a morte nesta vida. É só uma parte da viagem.

Como posso explicar tudo isso? Simplesmente não posso oferecer uma explicação racional.

O que o mundo da neurociência diz sobre experiências como a minha? Pode ser que estejamos fisicamente preparados para tê-las. Elas podem ocorrer espontaneamente, sem ser provocadas, ou depois que alguém toma drogas psicoativas, como os cogumelos usados em cerimônias indígenas ou viagens xamânicas. Podem acontecer em períodos de oração, jejum, depressão ou privação sensorial. O curioso é que nosso cérebro tem centros que criam e processam tais experiências. Esses centros já foram chamados de ponto de Deus (tecnicamente, são o giro angular direito e a região temporal posterior direita do cérebro). Isso nos desafia a considerar por que esses centros existem, afinal. Será que eles existem para processar outras informações e é só coincidência serem acionados pelos estímulos que mencionei? Ou foi a mão de Deus que os pôs ali? Talvez jamais saibamos.

Sabemos que quando correntes elétricas estimulam essas áreas podem desencadear experiências de desincorporação, de comunicação com Deus, ou uma sensação de conexão com uma energia universal. Embora obviamente não explique por que podemos ter experiências com vidas passadas, isso sugere que de alguma forma o ponto de Deus é um centro espiritual do cérebro que leva a muitos tipos de experiências incomuns. No momento, tudo o que a neurociência consegue nos dizer é que ele existe e não parece ter nenhuma outra função aparente. Tudo o que eu posso dizer é que ativar essas áreas pode alterar a sua visão de mundo. Em outras palavras, vai explodir sua caixinha!

Minhas experiências com vidas passadas poderiam ser frutos da minha mente, da minha neuroimaginação? É possível que essas experiências fossem pensamentos oníricos em vigília, desencadeados pelo ponto de Deus do meu cérebro. Pareciam mais reais e palpáveis do que sonhos feitos de olhos abertos, mas isso pode ter sido o resultado de muitos anos de meditação.

É bem possível que experiências espirituais sejam exemplos da nossa capacidade de acessar ou ganhar consciência de uma parte do cérebro da qual normalmente não temos conhecimento. Costuma-se dizer que só temos consciência de cerca de 10% das nossas atividades cerebrais a qualquer momento; o que está acontecendo inconscientemente nos 90% restantes pode ser o que é trazido à consciência nesses estados alterados ou de não vigília. De acordo com alguns pesquisadores, quem medita desenvolve melhor o acesso a essas partes inconscientes do cérebro.

Alguns psiquiatras e psicólogos acham que essas experiências podem ser informações do inconsciente coletivo. Carl Jung, o renomado psiquiatra, foi o primeiro a descrever isso. Jung falava de um espaço inconsciente que une todos os seres vivos. Ele e seus discípulos acreditam que recebemos informações dessa fonte e reagimos a elas antes mesmo que entrem na nossa mente consciente. De acordo com esse modelo, eu poderia ter acessado esse polo coletivo de informações e experimentado as imagens, lembranças e emoções de outros no passado, presente ou futuro. Talvez essa também seja a fonte de todas as nossas sincronicidades e intuições.

O que sei é que essas experiências pareciam tão reais quanto acordar de manhã, fazer café e ir trabalhar. Eram tão reais quanto qualquer conversa consciente que já tive, e eu realmente tive a sensação de "estar lá" em todos os níveis.

O mais importante para mim é que essas experiências me encheram de perguntas sobre o sentido e o mistério da vida. Eu não conseguia mais aceitar a ideia de que sabia tudo. À medida que minha visão do mundo e da vida se expandia, o que eu sabia ao certo parecia encolher. Paradoxalmente, não conhecer o plano geral me proporcionou uma capacidade maior de correr riscos num mundo que não pode ser previsto. Como Helen Keller dizia, "a segurança é praticamente uma superstição. Ela não existe na natureza, e os filhos da humanidade, como um todo, jamais a experimentam. Evitar o perigo não é mais seguro, a longo prazo, do que se expor abertamente a ele. Ou a vida é uma aventura destemida, ou não é nada". Minha vida tem sido uma aventura. Poderia ter sido uma aventura sem essas visões, mas elas certamente acrescentaram um nível de profundidade e riqueza pelo qual sou grato.

Quando comecei a encarar a realidade do câncer e da morte, não saber foi muito reconfortante. Deixar esta vida pode simplesmente significar passar para a próxima, e, embora esta vida seja extraordinária, não tenho como saber o que me espera na próxima. Temer o desconhecido parece um desperdício de tempo e energia. Saber que este pode não ser nosso último sanduíche nos ajuda a não lamentar que, a cada mordida, o sanduíche lentamente desapareça.

OITO

Um Mundo Criado por Você

Realidade, que conceito!
— Robin Williams

Na minha antiga realidade, você crescia, tinha filhos, virava médico, praticava medicina até ficar velho e fraco demais para continuar, se aposentava e depois morria. Se qualquer uma dessas coisas ficasse incômoda, você estufava o peito e seguia em frente.

Na minha nova realidade, vidas passadas são possíveis, a morte pode ser só uma parada no caminho, a meditação é essencial, e o amor é o combustível de tudo. Há espaço para muitas emoções, ideias e crenças, e tudo faz parte da minha experiência humana. Nós podemos criar o mundo em que vivemos moldando a realidade na nossa mente, e, ao fazermos isso, podemos reconfigurar a estrutura e a função do cérebro para se encaixarem na nossa nova realidade.

A nossa realidade é, parafraseando Robin Williams, apenas um conceito. É um conjunto de percepções conscientes e inconscientes do mundo que acreditamos ser real. É baseada na nossa estrutura neurofisiológica e na nossa fisiologia de sobrevivência. Realidade é apenas percepção.

A percepção muda de pessoa para pessoa porque é baseada na experiência de vida de cada um e no que cada um aprendeu sobre o mundo, consciente ou inconscientemente. Portanto, a realidade varia de pessoa para pessoa. Quando vejo a cor azul, eu não sei se você, olhando a mesma coisa, vê o que eu vejo. Quando ouço uma declaração, não sei se você iria interpretá-la como eu a interpreto. Quando vamos ao cinema, você pode ter uma experiência completamente diferente daquela que eu tive, e talvez eu jamais compreenda o que você experimentou.

Homens e mulheres muitas vezes têm dificuldades para entender um ao outro. As fisiologias hormonais diferentes criam realidades mentais e emocionais diferentes. Os hormônios, a criação e as diferenças genéticas, tudo isso gera realidades diferentes.

Nós vemos o mundo ao nosso redor pelo filtro das nossas experiências, emoções, dos impulsos fisiológicos e desejos: nosso mundo neuroimaginal. Nós só podemos ver o mundo através dessa lente.

Isso, para mim, é delicioso. Talvez eu jamais saiba o que é real de verdade. Sempre haverá mistério na vida. O mistério cria encantamento. Não saber nos dá a liberdade de explorar e a curiosidade para aprender. A ideia de que sabemos tudo nos dá uma falsa sensação de segurança e tira a vontade de aprender. Se soubéssemos tudo, Cristóvão Colombo poderia ficar num bar na Espanha tomando vinho em vez de arriscar a vida para encontrar um novo mundo. O mundo, de fato, poderia ser um lugar muito chato sem o desconhecido.

A imaginação é mais importante que o conhecimento.
— Albert Einstein

Como alguém que já trabalhou com pesquisas médicas, eu sei que a pesquisa é capaz de responder perguntas somente de acordo com nossa limitada capacidade de formular tais perguntas. É um jogo interessante, mas não deixa de ser um jogo. Podemos identificar tendências que corroboram nossas ideias, mas é só o que podemos fazer. Com isso em mente, temer a morte é simplesmente temer algo que não entendemos. Esse medo não faz sentido para mim. Por que eu deveria gastar o tempo que me resta me preocupando com o que pode acontecer depois que eu morrer? Estou aberto para descobrir o que há além desta vida, se é que há alguma coisa.

Morrer vai ser uma enorme aventura.
— James Barrie

Nossa falta de uma realidade compartilhada e a incerteza podem criar complexidade e confusão na nossa vida e nos nossos relacionamentos. Você já esteve numa reunião ou numa conversa com um amigo ou um colega e depois descobriu que vocês tinham visões completamente diferentes do que aconteceu? Os dois estavam na mesma reunião, ouvindo as mesmas palavras, testemunhando os mesmos acontecimentos, mas suas interpretações são completamente diferentes. Vocês põem a culpa nos seus mundos neuroimaginais. Eles simplesmente são diferentes.

Nossos pais e nossa família de origem contribuem significativamente para a criação desse mundo neuroimaginal. Eles pegam nossas funções cerebrais básicas e acrescentam cor a elas de muitas formas. Podem acrescentar uma pitada de ansiedade ou um pouco de cautela excessiva, como minha família fez comigo. Por sorte, minha mãe jogou um punhado de curiosidade na receita, e meu pai misturou uma colher bem cheia de doçura e bom humor. Famílias podem acrescentar otimismo, dúvida, irreverência, coragem e vontade de mudar ou de não mudar. Essas e muitas outras formas de ser são aprendidas com nossos pais na mais tenra idade. A cada dia carregamos conosco esses padrões que aprendemos, consciente ou inconscientemente. Eles afetam todas as nossas experiências de vida, escolhas perceptivas e relacionamentos. Se a disposição de tentar coisas novas faz parte de sua família, uma reunião de trabalho sobre mudança é uma reunião sobre oportunidade. Se a sua família prefere manter o *status quo*, uma reunião de trabalho sobre mudança é uma ameaça. A mesma reunião, famílias diferentes, percepções diferentes.

Como a sua família de origem afetou o seu pensamento no dia a dia? Que regras eles ensinaram? Como essas regras afetam a sua vida? Será que estão erradas?

Se você entrar em qualquer conversa com seus próprios motivos ou regras, vai procurar argumentos que corroborem seus motivos e ignorar argumentos contrários a eles. Não é preciso fazer isso conscientemente; acontece automaticamente. Você vai lembrar e vivenciar as partes que você quer ouvir, consciente ou inconscientemente. Se você for otimista, verá os aspectos positivos da discussão; um pessimista verá os aspectos negativos. Além disso, se você teve uma manhã ruim, estará mais predisposto a se concentrar no que é negativo. Se teve uma manhã ótima, estará mais predisposto a se concentrar no que é positivo.

Uma parte profundamente inconsciente desse processo é o cérebro de sobrevivência, que vasculha o mundo em busca de potenciais perigos o tempo todo. Ele provavelmente salvou a sua vida muitas vezes. Ele nos ajuda a não sermos atropelados nem cairmos de penhascos, e diz para não andarmos sozinhos em ruas escuras à noite. A desvantagem dessa vigilância é que ela percebe quaisquer ameaças *potenciais* como ameaças *reais* até que prove o contrário. Por natureza, as reações do seu cérebro de sobrevivência são exageradas. Evitar riscos e perigos também é uma parte importante disso. O cérebro de sobrevivência pode impedir que corramos riscos e tentemos coisas novas.

Nascemos para sobreviver. Somos todos programados para satisfazer nossa necessidade de comida, água, oxigênio, sono e reprodução. Muitos dos nossos impulsos e decisões são baseados nesse modo de sobrevivência. Ele motiva muitas das nossas escolhas e gera boa parte do nosso medo. Achamos que temos escolha, mas muitas vezes não temos. Num nível irracional, acreditamos que, se nos alimentarmos direito, praticarmos exercícios diariamente e tomarmos vitaminas, não vamos morrer. Embora essas ações possam diminuir o risco de doenças, elas nos dão uma falsa sensação de segurança num mundo que não está sob o nosso controle. Todos nós morreremos. Todos nós estamos morrendo.

A morte é o desafio definitivo para o cérebro de sobrevivência. Portanto, há muita vigilância inconsciente a respeito da morte. Some-se a isso o fato de que a maioria de nós não sabe ao certo o que vai acontecer depois da morte, e é um golpe duplo, gerando um medo ainda maior da morte.

Quanto menos soubermos sobre a morte, mais podemos temê-la.

As pessoas que testemunham mortes tranquilas ou que vivem em sociedades nas quais a morte é considerada um acontecimento natural têm menos medo da morte. Isso explica por que a crença na vida após a morte, a crença no paraíso, dá às pessoas uma sensação de paz com respeito à morte. O desconhecido se torna o conhecido por meio da crença, não da experiência, e isso já pode ser consolo suficiente. É também por isso que as pessoas podem morrer tranquilamente em nome de Deus. A crença no paraíso ou na vida após a morte se sobrepõe ao cérebro de sobrevivência, acalmando esse medo. A morte traz a glória, a paz ou a recompensa.

Há uma posição interessante na ioga chamada de posição do cadáver — *savasana* —, que consiste em se deitar de costas, com as palmas das mãos para cima, numa postura de entrega. Esse simples ato de se deitar pode ser uma prática muito poderosa para abandonar o controle.

Estou atendendo um colega médico que tem um câncer importante e um medo da morte muito forte. Ele tem uma poderosa crença religiosa em Deus. Pedi que ele assumisse essa posição diariamente por dez minutos, respirando profundamente e entregando sua vida a Deus. Quando o medo toma conta dele, ele respira profundamente, entregando o controle. Ele, eu, todos nós, não temos controle sobre quando vamos morrer; podemos apenas relaxar com essa ideia para diminuir nossos temores.

A conexão com outros seres humanos também nos dá uma sensação de paz. Pessoas saudáveis vivem para criar comunidades e temem a perda da comunidade. Ela é uma parte substancial do nosso mundo neuroimaginal. As chances humanas de sobrevivência aumentam quando há outros humanos dando apoio por perto. Nós protegemos uns aos outros da adversidade, alimentamos uns aos outros, e compartilhamos tarefas para que as necessidades do grupo sejam satisfeitas. A comunidade nos dá uma sensação de segurança.

Essa necessidade de comunidade pode ter ramificações interessantes na vida. Nós criamos mundos neuroimaginais com pessoas que têm os mesmos interesses, gostos e aversões que nós. A necessidade pode se manifestar como uma paixão compartilhada por uma determinada equipe esportiva, um tipo de música, ou um passatempo, mas a verdadeira necessidade que é satisfeita é a necessidade de se unir com outros. Para a minha família, meus amigos, e em especial minha esposa, a paixão comum é pelo time de beisebol San Francisco Giants. Esse entusiasmo compartilhado cria um sentido de comunidade e leva a muitas horas de dor (com as derrotas) e alegria (com as vitórias) coletivas. Nós temos uma experiência neuroimaginal compartilhada. Essa é a parte feliz, agradável, do mundo neuroimaginal, uma comunidade neuroimaginal baseada na diversão.

Outras versões mais trágicas dessas comunidades neuroimaginais se manifestam como o ódio de um grupo de pessoas por outro (não só nos casos dos Giants contra os Dodgers ou dos Red Sox contra os Yankees). Isso acontece quando há a percepção de uma ameaça, que pode ser algo simples, como uma diferença em crenças religiosas ou políticas ou na cor da pele. A comunidade se une em nome do medo compartilhado, que muitas vezes se manifesta como ódio. Esse sentido exacerbado de comunidade é mais forte do que a necessidade humana de compaixão, e assim leva a comportamentos atrozes. Esse muitas vezes é o triste resultado de um mundo neuroimaginal baseado numa comunidade.

Julgamos tão rapidamente os outros, mas muitas vezes nem somos capazes de entender a perspectiva deles. Não crescemos no mesmo mundo que eles, mas aplicamos nossas regras a eles. Fazemos isso com países, colegas de trabalho e às vezes até com entes queridos. Isso é o amor condicional: “Eu vou amar você se você agir como a pessoa que eu quero que você seja." Se seu mundo neuroimaginal for igualzinho ao meu, eu vou amar você. E se nos afastássemos disso e nos aproximássemos de amar os outros incondicionalmente? Podemos não gostar do que eles fazem, com base no nosso mundo neuroimaginal, mas mesmo assim podemos amá-los.

O amor incondicional também pode ser transformado numa prática. Isso tem sido muito poderoso para mim nos últimos anos. Sempre que alguém que eu amo faz algo de que eu não gosto, eu respiro fundo, lembrando tudo o que aquela pessoa representa na minha vida. Isso faz a ação do momento parecer pequena. Agora faço isso mesmo quando não se baseia numa situação que está me incomodando. Eu simplesmente me sento, respiro profundamente e penso nas pessoas que eu amo na minha vida, uma bela lembrança dessa vida saborosa no meio de um dia atribulado.

Essa prática pode alterar nosso mundo neuroimaginal, que está constantemente mudando e pode ser mudado intencionalmente. Como você pode imaginar, se esse mundo foi criado por nossas experiências de vida e nossos padrões repetitivos de pensamentos, novas experiências e a prática de novos pensamentos podem recriá-lo. Novas experiências fornecem novas informações ao nosso cérebro e realmente aumentam ou diminuem esses caminhos neurais, com o tempo. Isso se chama neuroplasticidade, a capacidade do cérebro de mudar e se adaptar com o tempo. Assim, nossos pensamentos, comportamentos, crenças, ações e práticas, e as crenças das pessoas de quem nos cercamos, mudam nossa Neuroimaginação e alteram fisicamente nosso cérebro.

Existem estudos e histórias intrigantes de como nosso cérebro se adapta com a neuroplasticidade para satisfazer às exigências do nosso mundo. Por exemplo, nas pessoas que nascem cegas, o córtex visual (a parte do cérebro que enxerga) é usada para a audição e para ler braille. É como se elas estivessem vendo as letras em braille com a mente, ou ouvindo imagens. Quando essas áreas do cérebro são bloqueadas temporariamente, elas não conseguem mais ler braille.

Além disso, áreas específicas do cérebro podem crescer e mudar com a prática. A parte guru do cérebro (o córtex cingulado anterior) de pessoas que meditam há muito tempo é maior que a daquelas que não meditam. Isso se deve ao uso diário desses circuitos específicos e à construção da supervia da sabedoria.

Em estudos com animais, macacos aos quais se ensinaram habilidades motoras refinadas com determinados dedos apresentaram crescimento e expansão das áreas sensoriais e motoras correspondentes a esses dedos. É por esse motivo que os músicos praticam. A prática melhora as partes do cérebro necessárias para executar a tarefa de tocar um instrumento sem nem pensar a respeito.

Experiências que mudam o cérebro não precisam ser dramáticas para ser eficazes. Cada experiência da vida muda o mundo interior do nosso cérebro, e, com a mesma facilidade, nossas ideias e maneiras de pensar podem modificar a estrutura fisiológica e anatômica do nosso cérebro. A prática diária de ioga, meditação e psicoterapia muda a função do nosso cérebro. A prática da gratidão, a meditação, a oração e a conexão com outros mudam nossa Neuroimaginação e melhoram nossa vida.

O início da minha vida foi numa família amorosa que tinha medo dos "outros". No mundo neuroimaginal da minha juventude, a morte era uma tragédia, a doença era terrível, e ser médico era ser santo. Não sou mais a mesma pessoa que eu era com 5 anos, nem sou a mesma pessoa que serei com 75 (se eu chegar lá). Eu me mudei dos limites da minha vida antiga para uma nova casa que está sempre mudando e crescendo.

Minhas experiências e práticas reformularam meu cérebro. No meu mundo neuroimaginal atual, as pessoas são amorosas, coisas divertidas acontecem todos os dias, a vida é uma aventura e a morte não é mais algo a ser temido. A morte é simplesmente o que é, algo que acontece com todos nós, no fim daquilo que temos a oportunidade de transformar numa vida muito doce.

Então o que é a realidade? É uma criação da nossa fisiologia, neurologia, de experiências de vida e práticas conscientes. É o que nossa Neuroimaginação diz que é. Eu posso jamais ter noção de qual é a sua realidade ou do que realmente existe lá fora. Eu vivo no meu mundinho particular. É um lugar legal; venha me visitar um dia desses.

Eu também sei que os Giants finalmente, depois de 56 anos, ganharam o Campeonato Mundial de Beisebol. Se eu tiver que morrer, isso torna a morte ainda mais aceitável para mim. Mas curar o meu medo da morte não significava que os outros não iriam sofrer.

NOVE

Jogos Mentais

Cérebro: *Um aparato com o qual pensamos que pensamos.*
— Ambrose Bierce

Nosso filho Will (com 18 anos na época) e eu tínhamos marcado uma viagem no dia seguinte ao meu diagnóstico, só nós dois, para sua orientação na universidade e para nos divertirmos em Los Angeles por alguns dias. Kathy e eu decidimos que queríamos que ele aproveitasse a viagem e a empolgação de sua iminente vida acadêmica — ao menos naqueles poucos dias — sem se preocupar com minha saúde. Ainda acho que foi uma escolha sábia, mas foi o que levou aos quatro dias mais difíceis da minha vida. Eu precisava fazer uma tentativa consciente de controlar minhas emoções inconscientes. Eu precisava tentar diminuir a atividade da parte do meu cérebro que estava pensando no câncer e amplificar a parte que estava pensando em ser o pai de Will.

Durante as sete horas da viagem de carro, conversamos sobre música, beisebol, a escola e a vida. Ouvimos comédia, rap, rock e nos divertimos muito, mas de vez em quando minha "mente-câncer" se intrometia, e eu ficava com um nó na garganta e me virava para esconder as lágrimas. Eu não tinha como controlar essas intrusões. Só podia suprimir minhas reações. Will depois me contou que ele percebeu que havia algo errado, mas não sabia o que era.

Enquanto Will e eu estávamos na estrada, Kathy estava tentando fazer nossa filha, Cheryl, ir lá para casa, para que todos pudéssemos conversar quando Will e eu voltássemos. Ela ficava perguntando a Kathy:

— Por quê? O que está acontecendo?

Kathy me ligou no celular enquanto eu estava dirigindo com Will e me contou:

— Falei com Cheryl e ela quer saber o que está acontecendo. Ela sabe que algo está errado. Posso contar pra ela?

— Sim — eu disse, segurando as lágrimas. Eu queria estar lá para falar com Cheryl. Eu precisava que ela olhasse nos meus olhos e visse que seu pai ainda estava vivo.

— Então posso contar? — Kathy repetiu.

— Sim, tudo bem — repeti numa voz mecânica, para esconder minhas emoções de Will.

Assim, Cheryl ficou sabendo naquele dia, sem que eu estivesse lá para abraçá-la e reconfortá-la.

Will e eu passamos o dia seguinte com meus amigos Tag e Ross e seus dois filhos risonhos de cabelos cacheados. Visitamos o Museu Getty. Apreciamos as obras de arte, vimos os pontos turísticos e brincamos na grama. Mais uma vez, me esforcei para não chorar ao ver outros pais e seus filhos brincando, e meu próprio filho de 18 anos brincando com um menininho adorável. Eu o imaginei adulto, com seus próprios filhos, algo que talvez eu chegasse a ver. Esse foi meu primeiro vislumbre de como poderia ser o futuro sem mim. Eu não veria meus filhos se casando e se tornando pais. Não conheceria meus netos. Não ouviria os risos gostosos de meus netos quando meus filhos fizessem cócegas neles. Eu certamente sentiria falta desses momentos.

Will e eu seguimos em frente e fizemos um ótimo passeio em Los Angeles. Visitamos o Teatro Chinês de Grauman, os estúdios de cinema, andamos pelo cais de Santa Monica e visitamos algumas das melhores lojas de tênis de basquete da cidade (nós dois amamos sapatos). Comemos na Canter's Deli e andamos pela Melrose Avenue. Foi um barato, mas minha mente-câncer continuava a borbulhar durante tudo isso, contaminando meu humor e até, Deus me livre, meu desejo de comprar tênis.

Chegar na Universidade da Califórnia, em Riverside, no dia seguinte, foi realmente empolgante. Já havíamos visitado o campus em outras ocasiões, mas agora era pra valer. Will ia começar uma nova vida e estava entusiasmado. O campus é rodeado pelas lindas colinas do deserto. Naquele dia, havia fileiras de carros cheias de alunos e pais animados. Fizemos fila para o passeio de orientação pelo campus, e todos estavam conversando. "De onde você é?" Era a pergunta que mais se ouvia. Eu estava revivendo minhas lembranças do primeiro dia na universidade e sentindo a ansiedade e a empolgação de um novo começo. Muitas mentes, muitas emoções, muitas lembranças, tudo acontecendo ao mesmo tempo.

A primeira sessão da orientação era para pais e alunos, mas na sessão seguinte os alunos entraram sozinhos. Quando Will me deixou, comecei a ter dificuldades. Tive vontade de gritar.

Eu sabia que era estatisticamente improvável que eu conseguisse ver meu filho se formar. Até mais difícil de aceitar era a consciência de que minha doença iria estragar seu primeiro ano na universidade de tantas maneiras que eu relutava em fazê-lo. Eu queria que ele mergulhasse na universidade com todas as suas habilidades, alegrias e, empolgação, mas sabia que comigo ficando mais doente e talvez morrendo a sete horas de carro dali, isso seria difícil para ele. Essa era a parte mais dura de encarar, e eu não tinha nenhum controle sobre nada disso.

Will é uma pessoa incrível: um atleta, um estudante, um romântico, e uma pessoa verdadeiramente boa. Ele leva bom humor e sensibilidade para qualquer ambiente, inocência com sabedoria. E, embora eu me preocupasse com o efeito de minha doença sobre sua experiência na universidade, confortava-me o fato de saber que ele tinha as capacidades, cognitivas e emocionais, para se sair bem mesmo se eu morresse. Eu me sentia grato pelos 18 anos que curtimos juntos, e por todos os momentos maravilhosos que passamos em jogos de beisebol, shows de rock, e simplesmente sentados no sofá juntos, rindo. Eu me lembrei de um show de punk no Fillmore, quando ele foi jogado aos meus pés por garotos dançando enlouquecidos, e nós dois caímos na risada. A maioria dos pais não tem a oportunidade de fazer isso com seus filhos. Eu sabia que precisava praticar a gratidão pelo tempo passado com meu filho e ceder o controle sobre um futuro desconhecido. Lembrei a mim mesmo a sorte que foi ter tido esse tempo, mesmo sendo mais curto do que eu esperava.

Minha mente grata estava repetindo isso: gratidão, gratidão, gratidão. Todas essas emoções eram reais, presentes, paradoxais e fluentes. Eu só precisava estar ali com elas e reconhecê-las todas. Minhas mentes estavam em total atividade. Embora fosse difícil, eu estava verdadeiramente vivo, com satisfação, gratidão e dor.

Era notável o número de pensamentos que estavam surgindo para mim, e quantas histórias eu estava contando a mim mesmo: você vai morrer; você vai sobreviver; seus filhos vão ficar tristes; Kathy vai sofrer; eles são fortes; eles vão ficar bem. Esses pensamentos estavam girando na minha cabeça, e eu fiquei ali, observando todos eles, enquanto ouvia os discursos da orientação, fazia anotações, e tentava manter o foco na razão por eu estar ali.

O dia seguinte da orientação era só para os alunos, e eu fiquei sozinho. Isso permitiu que me concentrasse na minha mente médica pragmática. Liguei para minha amiga e colega Mimi em San Diego, e ela insistiu para que eu fosse fazer uma tomografia PET. Mimi é diretora médica do Centro Scripps de Medicina Integrativa, e eles têm um tomógrafo PET/CT (tomografia positrônica/computadorizada). A tomografia PET/CT era a próxima etapa dos meus exames, para saber se o tumor havia formado metástases.

Parecia ótimo fazer algo a respeito do câncer e deixar todos os meus outros softwares mentais descansando. Eu iria poder parar com a encenação que estava fazendo para Will e simplesmente lidar com o câncer. Eu me sentei numa grande e confortável poltrona, numa sala com iluminação suave e música New Age tocando, enquanto um corante radioativo corria em minhas veias. Era calmante estar com meus bons amigos no centro e tirar a máscara que eu usara para Will nos últimos dois dias. Embora estivesse ansioso com o que o teste poderia revelar, eu estava começando o processo de ser cuidado por pessoas de quem gostava muito. Não era uma sensação nada ruim. Muitas pessoas têm dificuldade em receber cuidados. Eu logo descobri que não sou uma delas. Passei minha vida dando amor e descobri que me sentia totalmente à vontade ao recebê-lo.

Naqueles poucos e curtos dias, fui um pai empolgado, um pai orgulhoso, alguém que adora fazer compras e comer fora, um cara com câncer, um pragmático, um amigo amoroso, um sofredor, um paciente, alguém que se permite ser cuidado e um colega de profissão. De alguma forma, todos esses programas conseguiam rodar simultaneamente. Eu achava incrível minha mente conseguir processar tantos pensamentos e emoções simultaneamente.

Na viagem de volta, minha mente começou a considerar como eu ia dar a notícia a Will e aos meus pais. Não ia ser fácil para nenhum de nós.

DEZ

O Som de um Coração se Partindo

Existem duas heranças duradouras que podemos deixar para nossos filhos. A primeira são raízes. A segunda são asas.
— Hodding Carter Jr.

Um dia depois que Will e eu voltamos da viagem, Kathy e eu pedimos que as crianças se sentassem conosco a uma mesa ao lado da piscina. Sequoias e pinheiros gigantes rodeiam nossa casa, e a área ao lado da piscina é o lugar onde costumo meditar. Para mim, era o lugar onde eu poderia ficar calmo o suficiente para ter a conversa que Kathy e eu temíamos. As crianças se sentaram do outro lado da mesa.

— Precisamos contar uma coisa que não vai ser fácil de ouvir — comecei. Cheryl baixou a cabeça, sem querer revelar para Will que ela já sabia. Senti o desconforto geral e tentei fazer uma piada, sem muita convicção. — Não, não vamos nos divorciar; vocês vão ter que nos aguentar. — Ninguém riu. — Antes da viagem, recebi um diagnóstico de câncer no esôfago.

Kathy começou a lacrimejar, mas eu a vi compor sua cara médica — dando apoio em face da má notícia. Cheryl ficou ali, ciente, mas incapaz de dizer alguma coisa. Will olhou para baixo e perguntou:

— Isso significa que você vai morrer?

— Não sei — eu disse, contendo as lágrimas e olhando para aquele menino-homem triste e doce que eu tanto amava. — Vou ter que fazer tratamento e talvez operar. — Senti a necessidade de ser honesto. — Não é um tipo bom de câncer, mas vou fazer tudo que eu puder para continuar vivo. Para continuar com vocês.

— Eu sabia que algo estava errado o tempo todo que a gente ficou em Los Angeles — ele disse.

Não havia muito mais que pudéssemos dizer.

— Amamos vocês dois, e vamos enfrentar isso juntos.

Kathy acrescentou:

— Vamos pra Inglaterra assim mesmo. O papai quer muito fazer essa viagem.

Eu sabia que Kathy não queria ir para a Inglaterra; ela queria que eu completasse meus exames e começasse o tratamento imediatamente. Mas para mim a viagem era realmente importante. Poderia ser a última viagem da minha vida com a família, e eu não queria perdê-la. Se eu ia morrer, por que não passar duas semanas com as pessoas que eu mais amava?

Will perguntou se podia ir para o quarto. Eu me levantei e o abracei, mas ele se afastou em silêncio.

Cheryl ficou e fez algumas perguntas sobre o tratamento e se eu ia morrer.

— Tenho 90% de chances de morrer, mas também 10% de chances de sobreviver. Só vamos saber quando ficarmos sabendo. — Nós sorrimos e nos abraçamos, e aí ela sugeriu um chá de quimioterapia, e que as pessoas me trouxessem perucas e DVDs para eu assistir. Foi nesse momento que eu soube que teria alguém para rir junto comigo de tudo aquilo. Will ainda não conseguia fazer isso e Kathy tinha medo demais de me perder, mas Cheryl conseguia fazer piadas. Eu precisava disso mais do que nunca.

Dez minutos depois, Will saiu do quarto e disse que ia ver seu amigo Dana. Ele mal conseguia olhar para mim. Eu me senti destruído, mas não podia fazer nada a respeito. Estava impotente. Fiquei feliz por ele ter o amigo para conversar.

Cheryl e eu decidimos fazer uma caminhada. Eu precisava de um pequeno momento de normalidade, e poucas coisas me agradam mais do que caminhar pelas colinas nos arredores da nossa cidade.

— Você vai contar pra alguém? — ela perguntou.

— Ainda não; vamos esperar até a gente voltar da Inglaterra. Quero curtir a viagem antes de ser "o cara com câncer".

Continuamos a falar do que significava tudo aquilo: meu trabalho, nossas vidas, como seria a quimioterapia e que outros tratamentos poderiam existir. Cheryl leciona no jardim de infância de uma escola montessoriana, e estava cheia de histórias sobre as crianças.

— Meu Deus, pai, tem uma menina nova que é uma versão mirim de mim. Ela é metade oriental e muito fofa. É tão divertido ver o que ela faz. — Ela contou histórias das crianças errando a privada e aprendendo a falar novas palavras. Isso me fez lembrar como Cheryl pronunciava *janela* quando criança — "jandela". Nunca queríamos corrigi-la. Era bonitinho demais. Nós ríamos quando Will recebia "patoques" (pacotes) pelo correio e de como ele gostava da cor "amalela". Essas histórias falavam de viver e aprender, e era disso que eu precisava.

Andando pela trilha de terra nas colinas ao redor da cidade, notamos uma cascavel na beira do caminho, estendida, mas mexendo a língua. Cascavéis não são incomuns na nossa região, mas ver uma ao meio-dia no sol é um acontecimento muito raro. Ela devia estar doente, mas não quisemos chegar muito perto, com medo de sermos picados. Cheryl e eu ficamos a observá-la por alguns minutos.

— Esse é um remédio poderoso — eu disse. — Na tradição indígena, a cobra é a portadora do remédio, da cura.

Cheryl e eu decidimos interpretar isso como um bom presságio para a minha saúde. Ambos queríamos alguma garantia de que esta seria apenas mais uma das muitas caminhadas na nossa vida juntos, e não aquela que ela precisaria lembrar ou contar para seus filhos quando se lembrasse do pai.

Will voltou para casa algumas horas depois de ter passado um tempo com seu amigo Dana. Parecia calmo. Ficamos conversando na cozinha.

— Você está bem? — perguntei, sabendo que a resposta seria breve.

— Sim.

— Quer conversar?

— Você vai morrer logo? — ele perguntou, sem querer saber a resposta.

Senti que eu precisava desviar minha resposta na direção da esperança. Como médico, já fiz isso tantas vezes com pacientes que se tornou fácil.

— Existem algumas chances de que eu vá morrer disso, mas, mesmo se isso acontecer, não será logo. Você sabe que eu conheço os melhores médicos do mundo e vou fazer os melhores tratamentos.

— Tá legal, pai. Eu te amo. — Ele foi para o quarto e passou a maior parte da noite falando com os amigos por telefone.

Naquele momento, senti o amor e o medo dele, e senti o fio invisível que liga um pai ao seu filho se afrouxando por um instante. Meu filho parecia estar treinando para quando eu morresse, e precisava se afastar de mim, rumo à vida. Eu estava impotente para melhorar as coisas para ele. A impotência era uma sensação com a qual eu teria que aprender a me acostumar nos meses seguintes.

A próxima tarefa impossível era ligar para meus pais e dar a eles a notícia. Eles moram a quase 5 mil quilômetros de distância. Eu não tinha escolha.

Meus pais têm 80 e poucos anos, e por sorte gozam de uma saúde razoável. São ativos, viajam e realmente aproveitam a vida juntos. No curso de medicina, aprendemos que o desafio mais difícil de se enfrentar na vida é a morte de um filho. Eu sempre presumi que isso se referisse a filhos jovens. Eu tinha 53 anos. Muita gente morre aos 53 anos. Imaginei que eles ficariam tristes, mas não arrasados. Eu estava enganado.

— Pai, pode chamar a mamãe na extensão?

— Claro, filho. Algum problema? — Meu pai diz muito isso. Ele tende a presumir o pior logo de início. Talvez desta vez ele tivesse razão.

— Preciso contar uma coisa pra vocês. Chame a mamãe.

Minha mãe pegou a extensão.

— Olá, o que houve?

— Olha, senti uma dificuldade pra engolir comida semana passada e fiz uma endoscopia.

Meu pai é dentista e minha mãe entende bastante de medicina, por isso eu podia usar a terminologia médica.

— Descobriram que tenho câncer no esôfago. — Eu parei, esperando uma reação.

Meu pai entrou no modo profissional.

— O que isso significa? Ele já se espalhou?

— Ainda não fiz todos os exames. Se for um tumor localizado, talvez eu possa ser operado e me curar. Se não, significa que vou fazer quimioterapia e radioterapia. — Eu estava tentando parecer otimista.

Ouvi minha mãe fungando.

Meu pai tentou continuar profissional.

— Quando vai ficar sabendo?

— Nós vamos viajar pra Inglaterra. Vou terminar os exames quando a gente voltar.

— Você vai pra Inglaterra? — minha mãe disse com desânimo.

— Sim, pode ser minha última oportunidade de viajar com a família, e não quero perdê-la. Duas semanas não vão mudar nada.

Analisando agora, acho que essa não era a coisa mais adequada para se dizer. Ouvi minha mãe e meu pai fungando e soluçando.

Fiz tudo errado, pensei. Eu não deveria ter dito que podia ser a minha última viagem com a família. Mas era verdade, e eu não podia mudar a verdade.

Depois de mais um minuto de conversação forçada, meus pais disseram que ligariam depois. Desliguei o telefone e Kathy me perguntou como foi.

— Nada bom. Acho que não importa qual a idade; perder um filho é sempre chato.

O que meus pais não eram capazes de entender era que eu realmente estava bem. Eu não queria ir para a Inglaterra porque ia ser a última viagem com a família; eu queria ir para a Inglaterra porque queria me divertir, continuar curtindo a vida apesar do câncer, e eu ainda estava totalmente vivo.

ONZE

Os Pacientes Mais Doentes às Vezes São as Pessoas Mais Saudáveis

Todo homem morre — nem todo homem vive de verdade.
— William Ross Wallace

Durante as duas semanas seguintes, passei a maior parte de todos os dias ao telefone. Havia os telefonemas para a família e os amigos, consultas com médicos, e-mails para colegas sobre opções de tratamento, e reflexões a respeito do que fazer com a minha vida profissional. Eu estava me tornando o paciente. A vida com câncer é atarefada.

Segui em frente com nossos planos de ir para a Inglaterra, teimosamente determinado a não deixar que o câncer atrapalhasse o fluxo da vida para mim e minha família. A experiência valeu a pena — a primeira cerveja legal de Will, "fish and chips", visitas a amigos em Londres e Cambridge, o festival de artes de Edimburgo, e pudim de *toffee*, uma guloseima açucarada e grudenta que desliza facilmente por um esôfago obstruído, um doce lembrete de que eu ainda estava vivo. Eu não iria deixar minha doença estragar esta excursão familiar, embora de vez em quando a ideia de que aquela poderia ser nossa última viagem em família se intrometesse. Na minha mente, eu estava catalogando cada acontecimento como se fosse o último, aquele que eu precisaria lembrar, que Kathy e as crianças precisariam lembrar. Na minha mente-câncer, eu já estava indo embora.

Levei duas semanas e muitas conversas com meus colegas médicos e com Kathy para me dar conta e aceitar que minha vida profissional estava encerrada pelos próximos oito meses a um ano, se não para sempre. Levei muitos anos para construir minha carreira. Minha natureza obsessiva e a paixão pelo meu trabalho me levaram a uma carreira expansiva — às vezes expansiva demais. Anos de orçamento apertado me deixaram preocupado com o nosso futuro financeiro.

A ideia de diminuir ou até mesmo parar de trabalhar era ameaçadora num nível mais profundo. Minha crença fundamental de que "eu sou aquilo que faço" estava sendo desafiada. Abandonar meu trabalho era realmente admitir que eu poderia, de fato, estar morrendo. Significava aceitar que o trabalho que eu amava poderia morrer comigo. Significava que eu estava desaparecendo aos poucos.

Minha vida profissional envolve passar pelo menos metade do tempo viajando. Com a quimioterapia e a radioterapia, isso não seria possível. No momento em que consegui aceitar que meu trabalho poderia morrer, tive uma inesperada e surpreendente sensação de liberdade. Depois de uma vida inteira sendo responsável, eu tinha permissão dos meus familiares e colegas para ser irresponsável. Todos entendiam que meu único trabalho agora era tentar me recuperar da doença que vivia no meu corpo, me cuidar, e usar todo o tempo de que eu precisasse para fazer isso. Percebi que agora eu poderia parar de viajar pelo mundo e só ficar em casa com Kathy. Eu tinha a desculpa perfeita para fazer o que quisesse; eu podia usar o pretexto do câncer (agora chamado pela minha família de "pretexto C"). Meu lado irresponsável e impulsivo estava desabrochando. Ninguém pode dizer não ao pretexto C!

Eu sabia intuitivamente que a melhor terapia para mim seria ficar quietinho, parar de ser atarefado, meditar uma hora ou mais por dia, fazer caminhadas, e escolher quais tratamentos, convencionais ou complementares, poderiam maximizar minha capacidade de cura. Nossos corpos têm uma incrível capacidade de se curar. Temos um sistema imunológico minucioso e complexo que sabe o que fazer com o câncer; de fato, todos nós temos células anormais, cancerígenas, se desenvolvendo regularmente no nosso corpo. O sistema imunológico reconhece e mata essas células assim que elas aparecem. Eu sabia que meu trabalho era cuidar do meu corpo com exercícios moderados, muito sono, comida boa e saudável, e tirar meu cérebro pensante do caminho. A meditação e o contato com a natureza se tornaram meus tratamentos principais.

Tinha consciência de que, quanto mais tranquila fosse a minha vida e quanto mais paz eu cultivasse, maiores seriam as chances de sobreviver ao meu diagnóstico. Eu também sabia que, mesmo se eu morresse, morrer em paz seria a minha preferência.

Entrei em contato com muitos colegas e amigos na comunidade médica para explorar minhas outras opções de tratamento para esse tipo de câncer. Tenho a imensa sorte de conhecer muitos dos maiores corações e mentes da medicina. Não havia uma escolha clara. Eu precisava optar pela linha de tratamento que se ajustasse à minha intuição e ao meu estilo de vida da melhor maneira possível. Eu poderia usar a medicina chinesa, a indígena ou a homeopática. Poderia ir morar num *ashram*. Poderia ir para o México e viver só de alimentos crus. Poderia ser tratado com quimioterapia estabelecida ou experimental. Poderia usar ervas, suplementos, acupuntura e muitas outras formas de tratamentos alternativos. Às vezes, na vida, é mais fácil ter menos opções.

Ao voltar da Inglaterra, precisei fazer uma série de tomografias, biópsias e exames de sangue. Durante esses exames, descobriu-se que eu tinha, de fato, metástases nos gânglios linfáticos do pescoço e do peito. A opção do tratamento cirúrgico estava descartada, e minha chance de sobreviver por um ano caiu para 25%. A chance de sobreviver por cinco anos caiu para menos de 10%. Comecei um plano de oito meses de quimioterapia, radioterapia, acupuntura e terapia suplementar, além de aprofundar minha prática da meditação. Decidi manter meu espírito e meu humor vivos com música, filmes, caminhadas, e passando o tempo com as pessoas que eu mais amava.

Em meio a tudo isso, o riso e as lágrimas vinham com facilidade, e minha falta de ansiedade e de medo continuava a me surpreender. Eu me sentia totalmente vivo, a alegria se tornou mais expansiva, e o sofrimento, mais profundo. Minhas emoções fluíam livremente, sem ser obstruídas pela minha mente ocupada e planejadora. Eu não tinha utilidade para essa parte de mim; essa parte de mim estava suspensa por enquanto, talvez para sempre.

Eu não tinha desejo nem vontade de lutar contra o câncer. Eu só queria estar com câncer. Percebi que o desejo de combater o câncer com métodos extremos vem do medo de morrer. Como eu não tinha medo, não tinha luta. Essa atitude incomodava Kathy e irritava meus amigos médicos. Todos eles tinham planos elaborados de como eu poderia derrotar o câncer. "Se eu tivesse câncer, faria isto", era a mensagem que eu ouvia e educadamente dispensava.

Por sorte, tive a oportunidade de falar com Bernie Siegel, cirurgião oncologista e autor de *Amor, Medicina e Milagres*, no início do meu tratamento. Bernie entendia que mergulhar na paz, na natureza e na música era um plano de tratamento válido, junto com a quimioterapia e a radioterapia, a acupuntura e os suplementos. Para ele, eu não estava me entregando ao câncer; estava calmamente vivendo com meu câncer, e isso era ótimo.

Eu também sabia que, quanto mais medo e ansiedade sentisse, mais altos seriam meus níveis de hormônios do estresse. O excesso desses hormônios desgasta as funções do sistema imunológico com o tempo, dando ao câncer mais chances de crescer. O medo promove o crescimento do câncer; a calma o diminui. Meu jeito de ser se tornou "ficar calmo, aproveitar a vida, e deixar meu corpo fazer o que ele sabe fazer — curar o câncer".

Agora entendo por que a atitude da nossa sociedade com o câncer é combatê-lo e derrotá-lo: ela é motivada pelo medo de morrer. Vejam os títulos de alguns livros populares sobre como lidar com o câncer:

Anticâncer
Vencendo o Câncer com Nutrição
A Cozinha contra o Câncer
Alimentos para Combater o Câncer
Um Plano de Batalha contra o Câncer
Como Lutar com o Câncer e Vencer
Vencendo a Batalha contra o Câncer de Próstata

O conteúdo desses livros pode ser muito útil, mas os títulos são motivados pelo medo e provocam ansiedade. A atitude "eu vou derrotar essa coisa" transforma todos os que morrem em perdedores. Ninguém pode vencer a luta contra a morte.

Enquanto eu estava tratando o câncer, fiquei cheio de gratidão pelas pessoas, coisas, lembranças, emoções e pelos acontecimentos que eu já havia experimentado na vida. Cultivei essa atitude durante muitos anos, e ela foi de importância crítica para que eu me sentisse plenamente vivo naquele momento. Eu sabia, no fundo do coração, que mais uma bela refeição, mais um ótimo show de rock ou mais uma noite abraçado com Kathy não tornariam minha vida melhor do que ela já era.

Eu também sabia que poderia morrer a qualquer momento, e que não teria nenhum controle sobre os momentos finais da minha vida. Em vez de me preocupar com quando eu poderia morrer e encher de ansiedade cada dia que me restava, decidi aproveitar o tempo que eu tinha com boa música, boa comida, muito amor, e a paz de que minha alma e meu sistema imunológico precisavam.

Eu também tinha a forte sensação de que existia algo muito além daquilo que eu era capaz de compreender: o que acontece quando morremos. Se não podemos entender isso, por que temer? Eu tinha uma sensação profunda de que esta vida não é tudo. Isso também foi libertador. Lá estava eu, morrendo, mas me sentindo totalmente livre, totalmente vivo. Estar plenamente vivo, eu descobri, não tem nada a ver com a presença ou a ausência de uma doença.

Nosso sistema médico atual quer nos fazer crer que estar plenamente vivo é estar sem doenças, porém todos sabemos que é impossível evitar as doenças e que todos vamos morrer um dia. Em termos simples, nosso sistema médico atual é voltado para lutar contra o inevitável — uma batalha com certeza de derrota. Ele quer nos fazer crer que somos todos perdedores.

Uma das pacientes de Kathy, uma mulher de 60 e tantos anos, fora diagnosticada com câncer de mama 18 anos antes de sua visita à clínica. Na época, ela era avó de um menino, e fez um trato com Deus: se conseguisse ver o neto se formar no ensino médio, estaria pronta para ir embora. A mulher veio ver Kathy com um grande inchaço na cabeça, que resultou ser uma reincidência do seu tumor. Ela sabia que Deus a estava chamando, e estava pronta para ir. Estava feliz por ter tido os últimos 18 anos para estar com seu neto, e não precisava de mais. Afinal, trato é trato. As filhas dela foram ver Kathy e insistiram para que a mãe recebesse todos os tratamentos possíveis para lutar contra esse câncer. Elas começaram a brigar com Kathy e com a mãe, insistindo para que tudo fosse feito para adiar a sua morte. Estavam simplesmente com medo de perder a mãe. Kathy sabiamente pediu que as filhas saíssem da sala, sentou com a mãe e ouviu sua história. Kathy acabou apoiando a decisão da mãe de não ser tratada, embora isso incomodasse muito as filhas.

Alguns meses depois, a mulher morreu em paz. Logo depois de sua morte, Kathy recebeu uma carta das filhas, agradecendo por ela ter apoiado os desejos da mãe. Elas haviam superado o medo de perder a mãe vendo-a morrer tranquila e feliz, plenamente viva em sua morte. Essa mulher era vital, alegre, destemida, e estava em paz com seu Deus.

Quando ensino aos meus alunos como ter alegria em seu trabalho, faço-os escrever as partes do dia que lhes dão prazer ou empolgação. Eu os faço refletir sobre o que os energiza e a seus queridos colegas de trabalho. Peço que se esforcem para incrementar esses aspectos do trabalho, para que passem mais tempo fazendo o que adoram com as pessoas queridas. Com o tempo, isso muda sua percepção do trabalho, dando-lhes uma sensação maior de escolha e controle, e torna cada dia mais significativo. Isso traz vitalidade tanto para o trabalho quanto para a vida deles.

Vocês conseguem imaginar um sistema de saúde no qual o objetivo principal é aumentar a paz, a vitalidade e a alegria de viver, um sistema que encara a morte como um processo natural, em vez de algo a ser temido e evitado? Em muitas outras culturas, a morte é vista como um acontecimento natural, e mortes tranquilas são celebrações da vida da pessoa, não tragédias. Nessas culturas há comemorações, vigílias, e doces lembranças da vida das pessoas; gratidão por se ter estado com elas; e a alegria de saber que elas estão com Deus. Sim, elas fazem falta, mas são celebradas e amadas. E se nosso sistema de saúde pudesse se basear nessa consciência, em vez de ser o sistema de evitar doenças que temos hoje?

Minha crença nesse paradigma de saúde levou a algumas discussões intensas e empolgantes com minha amiga Barbara, que trabalha no NIH [National Institutes of Health, institutos nacionais de saúde dos EUA]. Contei a ela a história da paciente de Kathy que tinha câncer de mama, e como ela viveu e morreu tão bem. Nós rimos de um instituto de saúde que gasta bilhões de dólares anuais estudando doenças, mas não gasta virtualmente nada estudando o que deixa as pessoas felizes e vitais. Os Institutos Nacionais de *Saúde*, na verdade, não estudam a saúde coisa nenhuma; eles estudam doenças. Talvez o NIH devesse se chamar Instituto Nacional de Evitar o Inevitável.

E se pudéssemos criar um departamento do NIH que estudasse a saúde? Barbara e eu percebemos que tínhamos condições de fazer isso, junto com nossos amigos e colegas do mundo todo. Nos meses seguintes, organizamos uma série de reuniões e teleconferências, reunindo um pequeno grupo de fabulosos líderes em saúde.

Foi nessa época que tanto eu quanto Barbara, com poucas semanas de diferença, recebemos o diagnóstico de câncer com metástases. Aquilo parecia ser mais do que uma coincidência, e nós conseguimos rir juntos da ironia da vida. Você pode achar estranho que duas pessoas que estão enfrentando sua própria mortalidade possam rir, mas, como Barbara disse, ainda éramos nós, só que com câncer. Estávamos comprometidos em fazer uma diferença, e o câncer era apenas mais um obstáculo a enfrentar em nossa cruzada para fazer um trabalho inspirado.

Barbara e eu estávamos vivendo de acordo com as condições da vida. Nós éramos mais do que a soma dos nossos hematócritos e o tamanho de nossas fichas médicas. O câncer não podia nos deter, e nos recusávamos a permitir que ele nos definisse. Sabíamos que poderíamos morrer mais cedo ou mais tarde, mas isso não se aplica a todos? Paramos de brincar, criar e amar porque tudo pode acabar amanhã? Ou continuamos a lutar para tornar significativo cada momento e transformar cada obstáculo numa oportunidade? Nós nos tornamos como a paciente de Kathy: plenamente vivos com câncer. Mas isso não significava que eu tivesse qualquer controle sobre o meu destino final.

DOZE

Onde Nenhum Eu Jamais Esteve

Viver envolve rasgar um rascunho após outro.
— Autor desconhecido

O câncer era agora uma presença dominante em minha vida, e eu entrei num mundo completamente desconhecido para mim. Em meu mundo pré-câncer, eu estava no comando da minha vida. Agora não havia nenhum plano e nenhum mapa a ser seguido.

Uma das colegas de Kathy sobreviveu a um linfoma e viveu para ter um bebê depois do câncer. Ela me abraçou um dia e sussurrou no meu ouvido:

— Ele nunca vai embora.

Agora eu vivia num mundo que só outras pessoas com câncer podiam entender. É um mundo onde a vida é preciosa, porém fugaz, onde o costumeiro e o normal estão suspensos, e onde nem minha família pode entender o que estou passando.

Eu sabia que estava entrando no vale da sombra da morte, e que teria que encarar a mortalidade, a dor e o sofrimento. Parte de mim tem um espírito guerreiro que pode seguir adiante e passar por qualquer coisa. Essa parte estava pronta para encarar o sofrimento que me esperava. Estava pronta para entrar na batalha e sair vitoriosa. Eu estudara curas indígenas por muitos anos e até fizera trabalhos nessa área. Aprendera a usar algumas das ferramentas dos xamãs trabalhando e estudando com amigos que lecionavam nessa área de terapia.

Na tradição indígena, os xamãs muitas vezes atravessam um período de sofrimento que os leva à beira da morte. No fundo, eu sabia que havia chegado a hora do meu sofrimento. Também sabia que a dor e o sofrimento trazem a oportunidade de uma grande transformação. Estava pronto para sobreviver, e esperava emergir como uma pessoa mais forte dessa experiência. Eu acreditava ter recebido um bom treinamento dos meus amigos, e estava rodeado e apoiado pelas pessoas na minha vida. Eu estava pronto.

Aprendi ao longo da vida que tenho muitas partes. Aprendi esse modo de pensar com muitos ótimos psicoterapeutas e o ensinei a outros médicos. Uma maneira particularmente útil de trabalhar com as muitas vozes que competem por atenção na nossa mente se chama psicossíntese, um processo criado na década de 1920 pelo psiquiatra italiano Roberto Assagioli. Ele descreve nossas partes internas como “subpersonalidades” — em essência, nossa equipe interna.

À medida que somos expostos a mais e mais circunstâncias e pessoas, modificamos nossos comportamentos para nos ajustarmos aos ambientes em que vivemos. Criamos um eu trabalhador, um eu estudante, um eu pai, um eu cuidador. Eles se tornam algumas de nossas subpersonalidades — partes de nós que permitem que nos encaixemos no nosso ambiente e na nossa comunidade. Fazemos isso para que o grupo não nos relegue ao ostracismo. É assim que muitas das nossas subpersonalidades se desenvolvem, a partir da necessidade de sobrevivermos e de nos encaixarmos.

Pense nas suas partes internas, naquelas partes que se desenvolvem em resposta às exigências da sua vida — o eu trabalhador, o eu lúdico —, diferentes umas das outras de muitas maneiras, mas ainda assim parte do eu completo. Se você passar tempo suficiente se avaliando dessa forma, verá que tem muitos eus, ou subpersonalidades internas.

Com meu tratamento prestes a começar, agora eu estava pronto para usar minhas subpersonalidades para me ajudarem a atravessar esse momento difícil. Saber que eu tinha essa capacidade me deu uma tremenda sensação de paz. Eu sabia que conseguiria lidar com a dor, a náusea, e até com o fato de definhar até a morte. Bolei um plano. Meu eu lúdico iria a tantos shows de rock quanto pudesse, deixando meu eu do câncer paradinho num canto. Eu iria entrar em contato com meu lado pragmático, que me ajudaria a cancelar minha vida profissional e lidar com os desdobramentos financeiros da minha doença, cuidando de seguros-doença e empréstimos para financiar a faculdade de Will. Enquanto meu lado pragmático estivesse fazendo isso, meu lado médico, junto com sua fiel colega Kathy, iria explorar as melhores opções de tratamento e bolar um plano que envolvesse tratamentos tradicionais e alternativos para o câncer. E, durante esse processo, eu iria desenvolver uma nova subpersonalidade: meu paciente interior. Eu poderia usar a parte de mim que conseguia ser cuidada e deixá-la crescer. Um desafio seria equilibrar isso com meu eu médico, que me dominou por tantos anos.

Meu xamã interior também estava pronto para essa jornada, e ele trazia ajuda: meu coração amoroso iria atrair as pessoas de quem eu precisava, meu guardião interior iria criar paredes protetoras para garantir que eu tivesse o repouso necessário, e meu guru interior iria me manter conectado com o Espírito. Eu tinha uma equipe inteira dentro de mim, a postos para me ajudar. Estava preparado.

Também precisei reaprender a administrar meus relacionamentos. Depois que contei a meus pais sobre o diagnóstico, eles me ligavam dia sim, dia não. Juro, eles só queriam saber que eu continuava vivo. Comecei a ligar para eles preventivamente cada vez que eu tinha um bom dia: meu lado pragmático e meu lado filho amoroso trabalhando juntos. Aquela seria a melhor maneira de lidar com o medo deles. Eu iria lhes lembrar consistentemente que eu estava não só vivo, mas também me divertindo: "Acabo de voltar de uma caminhada." "Fui a um show fantástico ontem." Toda vez, eles ficavam surpresos e encantados. Eu esperava que eles percebessem que, mesmo morrendo, eu ainda estava vivendo plenamente e curtindo cada momento. De certa forma, eu esperava transformar a visão que eles tinham da morte. Essa era a minha maneira de cuidar deles, mas isso estava prestes a mudar.

Meu primo ia se casar em meados de setembro, e era um motivo perfeito para meus pais virem nos visitar. Senti que precisaria fazer o teatro "Lee está bem". Dois dias antes da chegada deles, eu estava fazendo trabalho voluntário na Saint Vincent de Paul Society, ajudando a desenvolver um programa de recuperação para drogados sem-teto baseado no estilo de vida. Sentado na sala de reuniões lotada, comecei a sentir uma dor na parte inferior esquerda do peito. Era fraca no início, por isso não me preocupei e continuei na reunião.

A caminho de casa, a dor aumentou, e pensei em ir para o hospital. No entanto, ainda não era forte o suficiente para justificar uma visita ao pronto-socorro.

Quando cheguei em casa, Will e eu assistimos à comédia *Um Duende em Nova York*, com Will Ferrell, e, quando eu ria, a dor piorava muito. A essa altura, eu sabia que a dor estava vindo da parede do pulmão ou do tórax, e não do coração, por isso decidi esperar.

Kathy chegou em casa.

— Tem certeza de que não quer ir pro hospital? — ela perguntou.

Teimosamente, meu imbecil interior disse:

— Vamos esperar pra ver se piora.

Piorou, a ponto de uma hora depois eu mal conseguir levantar do sofá.

— Você e Will podem me levar pro hospital agora? Me ajudem a levantar; não consigo me mexer.

Will pareceu assustado pela primeira vez desde o meu diagnóstico. Minha interpretação do cara valentão com câncer estava desmoronando diante de seus jovens olhos. Acho que essa foi a primeira vez que ele se deu conta de que eu poderia mesmo morrer, e isso claramente o aterrorizou.

Ele me ajudou a entrar no carro e no pronto-socorro com Kathy. Cada solavanco e cada curva causavam dor. Por sorte, o hospital era perto de casa.

A dor era tão grande que eu não consegui nem me sentar para dar minhas informações na recepção do hospital. Estava suando, sem fôlego e incapaz de me concentrar. Eles me levaram às pressas para dentro e me conectaram a monitores e a um frasco de soro. Eu jamais tinha estado deste lado do pronto-socorro; jamais tinha sido a pessoa na maca. Era uma sensação estranha, mas eu estava aliviado por estar ali — a dor era intensa.

Meu médico interior ouviu:

— Homem branco, 53 anos de idade, com adenocarcinoma no esôfago, queixando-se de dor pleural progressiva e falta de ar que começaram há umas cinco horas e pioraram desde então. Sem histórico de doenças cardíacas, sem diabetes, sem doenças pulmonares preexistentes, exceto uma leve asma alérgica. Ele comeu há cerca de duas horas. Está diaforético. Eletrocardiograma normal, oxigenando bem através de uma cânula nasal de dois litros. Sinais vitais estáveis. — Isso é gíria médica para: "Esse cara está doente. Ele tem câncer, e aposto que está com um coágulo no pulmão. Por isso não consegue respirar. Por sorte, sua hora ainda não chegou."

A essa altura, Kathy e eu estávamos convencidos de que eu tinha embolia pulmonar, causada por um coágulo de sangue que faz uma região do pulmão parar de funcionar.

Depois de horas de dor, uma injeção rápida de Dilaudid (um potente narcótico) espalhou uma onda veloz de doce alívio pelo meu corpo, como um confortável cobertor quentinho. Em segundos, eu estava praticamente livre da dor. Que coisa boa! Pude entender por que pessoas ficam viciadas em analgésicos.

Fiz um teste chamado tomografia computadorizada em espiral, que mostrou que eu tinha mesmo um coágulo sanguíneo bem no fundo do meu pulmão esquerdo. Por isso eu sentia tanta dor: o coágulo estava matando a parede do pulmão, onde ficam todas as terminações nervosas.

A equipe do pronto-socorro queria me internar, me dar injeções de anticoagulante a cada 12 horas e me manter sob observação para ter certeza de que eu não entraria em choque.

Eu precisava manter algum controle da situação, por isso meu teimoso médico interior anunciou:

— Eu mesmo posso me dar as injeções necessárias; não preciso ficar no hospital só pra tomar uma injeção a cada 12 horas. Aqui é mais fácil eu pegar uma infecção. Se é pra me sentir mal, prefiro me sentir mal em casa. — Meu imbecil interior e meu teimoso médico interior se dão muito bem.

Kathy concordou, com uma certa relutância. Eu estava absorvendo oxigênio suficiente e estava estável. Depois de uma ligação rápida para o meu oncologista, ele, também relutante, concordou em me liberar.

Naquela noite, tomei Dilaudid para a dor, mas o Dilaudid que eu podia usar em casa tinha uma dosagem mais baixa do que a daquele que tomei no hospital, por soro, e a dor não estava controlada. Tentei ler, mas não consegui. Por fim, simplesmente me entreguei à dor intensa. Fiquei sentado respirando, meditando, e simplesmente tentando aguentar a noite toda. Meu guru interior me ajudou, lembrando que aquele era só um acontecimento passageiro, e que a dor passaria dentro de alguns dias.

Meus pais chegaram no dia seguinte para o casamento do meu primo. Kathy foi pegá-los, e a caminho de casa contou o que acontecera. Quando eles me viram, ficaram chocados. Eu estava dopado, com dor, e fazendo força para respirar; era o filho moribundo que eles temiam ver. Eu sabia que por dentro eles estavam desmoronando, mas tentaram disfarçar.

— Você não vai ao casamento, certo? — perguntaram.

— Vou, sim. Kathy pode dirigir, e eu vou me entupir de remédios. — Meu sobrevivente interior não queria entregar os pontos.

Fomos todos sentar lá fora, e pela primeira vez, que eu me lembre, meu pai simplesmente segurou minha mão sem dizer nada — sem palavras de encorajamento ou de sabedoria (como meu irmão e eu chamamos seus discursos sobre a vida). Ele sempre teve medo de fazer isso, mas eu estava sofrendo e ele também. Lembrei-me do meu pai me abraçando quando eu era pequeno, e, só por um momento, voltei a ser aquela criança sendo abraçada e consolada por seu pai.

Sabia que minha jornada estava apenas começando, e que eu iria encarar meus maiores medos e feridas nos próximos meses. Precisaria ir a lugares emocional e espiritualmente incômodos. Aprenderia muito com a dor e o sofrimento físico, e estava preparado, até ansioso, para fazer o trabalho duro de olhar para a minha vida, me ver sofrendo, e ver as pessoas que eu amava sofrendo comigo. Eu sabia que isso faria aflorar o pior em mim, e também o melhor.

Eu vira aquilo acontecendo muitas e muitas vezes com meus pacientes cardíacos à beira da morte — eles precisavam encarar os lados problemáticos de suas vidas e de suas personalidades. Precisavam dizer o indizível; precisavam dizer o que ainda não havia sido dito. Precisavam completar o complexo quebra-cabeça da vida que eles criaram. Ao fazerem isso, inevitavelmente ressurgiam mais felizes, mais vivos e, se preciso, mais preparados para morrer. Eu estava preparado e com vontade de mergulhar nesse mundo de incerteza e encarar a mim mesmo.

TREZE

Cavando no Escuro

Você quer ser bom ou quer ser completo?
— Carl Jung

Quando comecei o tratamento e aprendi a lidar com a náusea e com a dor, também comecei um processo de introspecção profunda. Na minha vida, cada vez que investiguei a dor interior e encarei partes de mim que me incomodavam, saí do outro lado me sentindo purificado. Que época melhor para fazer esse trabalho interno do que enquanto eu fazia quimioterapia?

Como aluno de muitos grandes professores, e também como professor, conhecia muitas técnicas que poderia usar para atingir meu interior. Uma das minhas favoritas é a Respiração Xamânica, que me foi ensinada por minhas amigas Nita Gage e Linda Star Wolf. Esse processo usa uma respiração rápida, parecida com a que é chamada de pranayama na ioga, juntamente com música ou tambores, para levar a pessoa a um estado de transe. Essa técnica parece ativar o ponto de Deus no cérebro. Com essa respiração, as pessoas têm visões de cores e animais, e às vezes histórias nítidas e oníricas surgem na mente. Nesse estado, as pessoas têm a sensação de receber mensagens, talvez de suas mentes superiores, talvez do inconsciente coletivo, como Carl Jung o chamou, ou talvez de Deus. Muitas vezes, a pessoa perde a noção de tempo e espaço.

Um alerta breve: essas experiências podem ser muito fortes. Às vezes são muito prazerosas, mas podem ser extremamente difíceis. Como com qualquer prática psicoespiritual, recomendo enfaticamente que os alunos trabalhem com um guia experiente.

Na tradição indígena, essas experiências são interpretadas como uma conexão com o Espírito na qual a cura pode acontecer. Como eu certamente estava buscando todas as fontes de cura, essa era uma técnica barata e poderosa que valeria a pena tentar. Comecei a usar minhas técnicas de jornada com regularidade. Nessas jornadas, eu ouvia música (*The Spiral*, do Soulfood) criada para nos fazer passar pelos centros de energia do corpo (chacras, na terminologia da ioga), e permitir que essa energia fluísse. Eu prestava atenção às imagens e emoções que surgiam e via se elas tinham algum significado na minha vida. Em outras sessões, eu respirava rapidamente, fazendo a Respiração Xamânica com a música, sempre observado por outra pessoa.

Durante uma dessas jornadas, surgiu uma imagem das células cancerígenas como mariposas negras no meu peito, e eu perguntei às mariposas por que elas estavam ali. Elas disseram que estavam contendo minha raiva para que ela não me matasse. Acabei percebendo que eu ainda tinha dificuldades para lidar com a raiva e para perdoar.

Fiquei pensando nisso por algum tempo. Percebi que, durante muitos anos, mantive um nível significativo de raiva por Harriet, uma consultora com quem trabalhara no passado distante. Ela fizera algumas coisas bastante destrutivas, tanto pessoal quanto financeiramente, e tinha grandes temores financeiros. Isso a levava a trair minha confiança e me dizer coisas bastante ameaçadoras. Ela acreditava que eu queria prejudicá-la de alguma maneira. Nunca ninguém havia agido assim comigo, e isso abalou minha crença na humanidade, e percebi que eu ainda conservava essa raiva mal resolvida.

No meu mundo neuroimaginal da época, acreditava que todos acabavam agindo certo. As pessoas deveriam agir com compaixão umas pelas outras. Acredite ou não, lidar com o comportamento dessa pessoa foi mais difícil para mim do que lidar com o câncer. O câncer está no meu mundo neuroimaginal — ele simplesmente acontece —, mas traição e perseguição não acontecem com pessoas boas.

Eu me dei conta de que essa raiva, que ainda me acordava à noite e se infiltrava nos meus dias, estava me fazendo mal. Diria até que ela pode ter desencadeado meu câncer ou enfraquecido a capacidade do meu sistema imunológico de enfrentar o câncer quando ele surgiu.

Eu soube, então, que precisava abordar essa raiva, não evitá-la. Eu precisava mergulhar nela para conseguir transcendê-la. Primeiro fiz isso por meio de jornadas nas quais eu estaria com as células cancerígenas e com minha raiva. Isso me permitiu entender o tamanho da raiva. Ela era avassaladora porque não estava sob meu controle.

Comecei a usar imagens bem violentas para administrar a raiva. Eu precisava desafogá-la de alguma maneira. De alguma forma, precisava ter controle sobre ela. Primeiro eu me via atirando no peito da pessoa e empurrando-a para o mar numa jangada. Embora isso me desse uma certa sensação de controle e vingança, ainda não era eficaz em eliminar a raiva; essa técnica ainda era baseada em violência, e na verdade amplificava a minha fúria. Então passei a colocá-la numa jangada e empurrá-la para o mar enquanto dava adeusinho do cais do porto, mas no fundo ainda queria atirar nela. Claramente, a raiva continuava ali. Não estava funcionando.

Meu amigo Marty Rossman, um especialista em visualização, sugeriu que eu personificasse a raiva, que essencialmente eu encontrasse uma personagem que pudesse representar a raiva. Eu visualizei um sujeito mal-encarado com cabeça de polvo. Marty, então, me disse para fazer a cabeça de polvo soprar enormes bolhas e soltá-las na atmosfera. Embora isso possa parecer bobagem, tinha um efeito profundo, aliviando minha raiva e tornando-a risível, permitindo uma grande libertação.

Logo depois, numa meditação, senti meu peito rachando, e todas as mariposas negras voaram e se tornaram anjos negros. Eu vi minha raiva e meu câncer sendo libertados. Tudo isso parecia muito esotérico para o meu médico interior, mas essa técnica simples funcionou. Você pode tentar essas imagens também: se estiver zangado com alguém, transforme essa pessoa numa personagem e faça-a soprar bolhas no ar. Parece cômico, mas há grande transformação e cura quando se permite que a raiva vire riso.

Num dia de primavera em que eu mal conseguia sair da cama, fiz uma sessão com minha amiga Linda Star Wolf, mestra xamânica e fundadora do Processo de Respiração Xamânica. Deitei no sofá, enrolado em cobertores e usando meu gorro de lã, mesmo sendo um dia quente de primavera — a quimioterapia me deixara com pouca capacidade de gerar calor. Linda pôs uma música para a jornada e se sentou ao meu lado.

Primeiro entrei num estado meditativo e depois num transe, desligado do meu corpo, como se estivesse sonhando.

Eu me vi com 5 anos de idade, dizendo a uma Harriet com 5 anos que eu não queria lhe fazer mal, porque queria que ela se desse conta de que estava segura. Essa foi a primeira vez que senti compaixão por ela. Eu a vi erguer seus bracinhos de criança e ir embora. Naquele momento, entendi que nenhuma solução seria encontrada conversando. Ela não queria ou não era capaz de ouvir nada que eu dissesse. No final da minha jornada, ouvi claramente as palavras "Você não precisa morrer por ela desta vez". Eu não fazia ideia do que isso significava.

Enquanto eu estava na jornada, Linda também estava. Ela estava deitada numa poltrona reclinável ao meu lado, também em transe, fazendo sua própria jornada paralela à minha. Ela não sabia muito sobre Harriet, mas me contou que vira nós dois como padres numa vida passada. Harriet, que nessa vida passada era homem, era mais velha e tinha grandes ambições na Igreja, queria se tornar bispo. Eu era seu jovem aluno que amava a Igreja, as crianças, a jardinagem e lecionar. Eu estava perfeitamente satisfeito fazendo essas coisas, sem nenhuma necessidade de ascender na comunidade eclesiástica. Linda me contou que viu que, com o passar dos anos, eu me tornei amado na igreja e acabei sendo nomeado bispo. Isso aparentemente enfureceu Harriet, que me envenenou.

Talvez esse fosse o significado de "Você não precisa morrer por ela desta vez". Percebi que, em algum lugar do meu inconsciente, eu achava que, se eu morresse de câncer, talvez Harriet reconhecesse seus erros. A verdade era que eu não era responsável pelas ações dela. Ela iria fazer o que fizesse, e eu não seria um mártir. Se ela queria continuar vivendo iludida, era uma escolha da alma dela, não da minha.

Essa jornada compartilhada foi imaginação? Quando duas pessoas compartilham as mesmas imagens numa jornada, como frequentemente acontece, isso é uma experiência energética interpessoal, uma experiência de estar no inconsciente coletivo ao mesmo tempo, ou uma experiência dirigida por Deus? Só o que sei é que ela me ajudou a renunciar à necessidade de mudar Harriet, e também a superar minha raiva. Eu estava começando a perdoá-la, e ao fazer isso consegui seguir em frente com minha vida. Outra pessoa poderia dizer que agora ela estava nas mãos de Deus, não nas minhas. Eu estava livre.

Mesmo depois dessa experiência, às vezes eu sentia raiva de Harriet, especialmente quando não estava bem fisicamente. Perturbava-me o fato de ela continuar a me ameaçar e me perseguir enquanto eu estava lidando com o câncer; isso parecia injusto e cruel. Durante uma pausa na quimioterapia, meses depois, eu estava deitado na praia e percebi que precisava de orientação para lidar com minha raiva. Senti que precisava da ajuda de um poder maior, estava impotente para controlá-la sozinho. Eu perguntei a Deus: "Como posso ser mais parecido com Cristo na raiva que sinto de Harriet?" Mesmo tendo sido criado na tradição judaica, eu admirava o trabalho e os ensinamentos de Jesus. Ali, na praia, uma resposta me veio: mesmo sem poder perdoar seu comportamento, eu poderia gerar compaixão por ela. Eu deveria dizer a Harriet que lamentava o sofrimento dela, independente do motivo do sofrimento. Escrevi uma carta para ela dizendo exatamente isso. Ter compaixão por ela me ajudou a administrar minha raiva.

Eu tento me colocar na situação da outra pessoa, na mente dela, e tento entender por que as pessoas se sentem como se sentem. Isso pode não resolver os problemas e eu posso não aprovar as escolhas do ofensor, mas sou capaz de gerar compaixão por ele ou ela. Harriet se sentia rejeitada por mim, e, por se sentir assim, reagia de forma destrutiva e vingativa. Eu podia ao menos entender isso, pois houve ocasiões na minha vida em que lidei com a rejeição e quis ser vingativo, embora não tenha posto isso em prática.

Uma razão central pela qual temos dificuldade em perdoar é que acreditamos que, ao perdoar, estamos deixando o ofensor escapar impune. Isso não é verdade. Fred Luskin, da Universidade Stanford, sugere que nós "perdoemos e lembremos", não perdoemos e esqueçamos. Perdoe e siga a sua vida, lembrando-se de não cometer o mesmo erro.

Eu tinha a escolha de continuar com raiva ou não continuar e, quando cheguei ao ponto de continuar com raiva e ameaçar minha saúde física e psicológica, decidi deixar pra lá. Não esqueci as ações de Harriet, e vou tomar cuidado para não me ver em circunstâncias parecidas novamente. Eu perdoei e lembrei. Perdoar dá poder. Nós ganhamos controle sobre nossas ideias e nossa sentimentos.

Além de perdoar os outros, muitas vezes também temos dificuldade em perdoar a nós mesmos. A maioria de nós tem partes de si das quais não se orgulha. Minha cabeça de polvo raivosa é uma dessas. Eu não gostava de pensar que sou um cara raivoso, mas sinto raiva às vezes. Esse é um dos muitos lados sombrios da minha personalidade: as partes de nós das quais sentimos vergonha ou constrangimento, as partes que não gostaríamos de ter. Eu não as nego mais; elas fazem parte de mim.

Por querer ser a Boa Feiticeira, e não a Bruxa Malvada, todos nos esforçamos para suprimir nossas partes sombrias. Boa sorte com isso! As partes sombrias do nosso caráter continuarão aparecendo quando menos as desejarmos e quando mais precisarmos aprender com elas.

Carl Jung usava o termo *sombra* para designar as partes de nós que não queremos reconhecer e que muitas vezes desautorizamos. As partes sombrias da nossa personalidade muitas vezes são inconscientes, e surgem sem que saibamos ou possamos controlá-las. Havia uma parte da minha personalidade que eu chamava de minha Capa Preta interior. Ela era muito poderosa, mas muitas vezes perigosa. Essa parte de mim gritava com as crianças quando eu estava cansado, oprimido ou frustrado, de uma maneira que realmente parecia fora de controle. Eu não estava sendo só um pai severo; era tirânico e exagerado. Eu me odiava quando fazia isso. Meu bom pai interior não gostava quando a Capa Preta interior se manifestava, e eu nunca sabia quando ela iria aparecer.

Eu não entendia essa minha parte sombria, até que compreendi por que ela existia, a aceitei, e fui capaz de usá-la e apreciá-la como parte de minha equipe interior. Percebi que a Capa Preta me protegia, me separando dos outros quando eu estava oprimido, mas que eu poderia satisfazer essa necessidade sem descontar nas pessoas que amava. Consegui canalizar a energia da Capa Preta de uma maneira produtiva, para que ela fosse forte, mas não prejudicial. Ela tem sido uma aliada muito útil na minha vida profissional e doméstica, e uma enorme fonte de energia.

Se você quiser explorar essa área, faça uma lista das partes do seu eu interior das quais você sente medo ou constrangimento. Depois tente identificar suas finalidades. Fazendo isso, você pode perceber que existem outras maneiras menos prejudiciais de atender essas necessidades.

O equívoco mais importante sobre o nosso lado sombrio é que ele é todo negativo, mau, errado, perverso, e deve ser evitado a qualquer custo. Basta ver as guerras iniciadas em nome da religião para saber disso. A maioria das religiões se baseia no conceito de amar os outros, mas a natureza sombria dos humanos dentro das religiões permite que nos matemos para defender nossas crenças religiosas. Concentrar-se em ser bom e evitar o mal sem curar o lado sombrio é o que muitas vezes nos mantém atrelados às nossas reações negativas e a sentimentos de ódio e desconfiança. Quando aceitamos essas nossas partes, podemos trabalhar com elas. Enquanto não aceitarmos essas partes, ficaremos estagnados.

Nosso lado sombrio é muito mais libertador e muito menos perturbador do que podemos imaginar. Artistas de todos os meios aprendem a acolher e expressar seu lado sombrio através do seu trabalho, e isso encontra ressonância em todos nós. Muitas das maiores obras de arte surgiram depois de profunda depressão, raiva ou perda. Quando não deixaram que Duke Ellington se hospedasse no hotel onde ele ia tocar, no dia seguinte ele disse: "Eu apenas peguei a energia necessária para fazer bico e compus um blues." Ele pegou o Duke raivoso, sombrio, e o transformou no Duke criativo. Esse é realmente o poder de usar a energia sombria da forma mais completa.

Para conseguir chegar até nossa paixão e nosso propósito, precisamos estar dispostos a apontar a luz da consciência para nossas partes sombrias. Se não conseguirmos admitir quando temos raiva, a raiva respingará de uma maneira que não podemos controlar, e permaneceremos estagnados nela. Reconhecendo a raiva, seremos capazes de fazer escolhas conscientes sobre como e quando expressá-la. Da mesma maneira como vimos que podemos transcender o medo, podemos transcender a raiva. Todas as nossas emoções "negativas" fazem parte da nossa humanidade. Se pudermos nos perdoar por sermos humanos, também poderemos perdoar os outros por isso.

CATORZE

Eu e Eu Mesmo

Nós não somos seres humanos vivendo uma experiência espiritual.
Somos seres espirituais vivendo uma experiência humana.
— Teilhard de Chardin

Na minha jornada dos últimos anos e durante minha convalescença, a questão de quem eu sou surgiu de maneira poderosa e profunda. Eu sou o ser físico que vejo no espelho toda manhã? Sou uma alma vivendo neste corpo e que vai passar de um corpo para outro em muitas vidas? Esta vida é só uma ilusão?

A experiência de definir o eu por limites corporais é questionada num experimento muito simples, realizado em cursos básicos de psicologia por todo o país. Pede-se que uma pessoa se sente a uma mesa, com uma mão em cima da mesa e a outra por baixo. Sobre a mesa, uma mão de borracha é colocada onde a outra mão da pessoa deveria estar. A mão que está debaixo da mesa é tocada com uma pena enquanto a mão de borracha também é tocada. As pessoas ficam sem saber qual é a mão real. Elas sentem as cócegas na mão de borracha e às vezes tentam puxá-la; elas percebem a mão de borracha como a mão real. Quando os dedos da mão de borracha são dobrados para trás, esses indivíduos sentem dor e encolhem a mão real.

A substituição na mente do sujeito da mão real pela mão de borracha acontece porque o cérebro cria uma estrutura imaginária interna do que é o corpo e de onde ficam seus limites. Para evitar que nos machuquemos, o cérebro precisa saber onde o corpo está em todos os momentos, e, para fazer isso, ele se baseia principalmente nos sentidos do tato e da visão. Você precisa saber até onde deve estender o braço ou encolhê-lo em qualquer tarefa ou emergência, mas essa estrutura, criada pelo cérebro, pode ser enganada por uma mão de borracha. Nossa definição do eu pode ser recriada rapidamente pelo cérebro, de modo que nem o cérebro sabe quem somos o tempo todo. Como podemos nos definir por nossos corpos físicos, se essa definição é flexível até para nossos cérebros?

Além disso, nosso corpo muda com o tempo. Nossas células são constantemente substituídas quando células novas crescem e células velhas morrem; nenhuma das células do seu corpo é exatamente a mesma de alguns anos antes. Você pode verificar isso olhando suas fotos antigas. Você está diferente do que era quando mais jovem, mas diria que você ainda é você. Nós mudamos, crescemos, ganhamos peso, perdemos peso, nos machucamos, saramos. Nosso corpo está em estado de fluxo. Está claro que somente o corpo não pode definir o eu.

Podemos nos definir por nossos pensamentos e emoções? Pergunte-se se você pensa no mundo e o vê da mesma forma que o via há vinte anos. Suas percepções mudaram? Suas crenças mudaram? Suas motivações mudaram? Seu conhecimento mudou? Seus pensamentos, crenças e emoções mudam a cada momento, a cada ano e a cada década, mas você ainda é você. Portanto, não podemos dizer que o verdadeiro eu é definido por nossos pensamentos, crenças ou emoções.

Eu adoro o exercício a seguir. Feche os olhos e diga isto para si mesmo, repetindo cada frase três vezes:

Eu tenho um corpo, mas eu não sou o meu corpo.
Eu tenho sentimentos, mas eu não sou os meus sentimentos.
Eu tenho desejos, mas eu não sou os meus desejos.
Eu tenho pensamentos, mas eu não sou os meus pensamentos.
Eu sou o eu, o centro da consciência.

Quando me vejo envolvido demais com um pensamento, uma emoção ou um desejo, repito as frases por cerca de um minuto, e isso ajuda a me distanciar daquele pensamento ou daquela emoção. Quando estou fazendo radioterapia, muitas vezes repito: "Eu sinto dor, mas eu não sou a minha dor." É uma maneira simples, mas eficaz, de diminuir qualquer experiência dolorosa.

Deve existir uma definição mais ampla do eu que transcenda o corpo, as emoções e os pensamentos. Gosto de pensar nisso como o eu espiritual, o eu transpessoal (no jargão psicológico) ou o eu único — um eu que de alguma maneira está além do físico e além do corpo ou da mente. Esse eu único está ligado ao nosso senso de espiritualidade, nosso senso de ligação com os outros e com o universo como um todo. De certa forma, é um eu sem eu. Você pode sentir esse eu único caminhando na natureza, ouvindo música, rezando ou meditando. Naquele momento, você perde sua definição mundana de si. Você pode experimentar isso como uma conexão com um poder superior. Você pode até sentir esse eu único quando sente amor por alguém ou quando segura seu filho no colo. Os limites costumeiros se dissolvem, e por um momento você se torna um, ou, como Bob Marley cantou, "one love, one heart" [um amor, um coração].

Eu acredito que evoluímos naturalmente para esse eu único se permitirmos que isso aconteça. Começamos nossa vida vulneráveis e dependemos de nossos pais para nos alimentar, nos limpar e nos confortar. Quando precisamos dessas coisas, choramos para que nossas necessidades sejam atendidas. A sobrevivência é nossa preocupação principal; estamos sempre vigiando o perigo e sempre buscando segurança à medida que envelhecemos.

Na nossa primeira infância, somos também seres sociais. Aprendemos que, quando sorrimos, nossos pais sorriem. Isso nos dá uma sensação de proteção e segurança. Logo aprendemos a expandir essa interação para os outros, e nossa comunidade cresce. Aprendemos a adotar comportamentos que vemos nos outros, o que permite que nos encaixemos na sociedade e nos sintamos seguros dentro da nossa comunidade. Isso nos dá uma sensação maior de segurança e aumenta nossa probabilidade de sobreviver.

Em algum momento da vida, você começa a se dar conta de que não é formado apenas pelos componentes da sua personalidade; você percebe que não se satisfaz com a vida que lhe foi prescrita por sua família e sua comunidade. Você percebe que é preciso outra coisa para satisfazer sua alma; o eu único pede algo a mais, algo que é vago, desconhecido, diferente. Você acorda para a sensação de que esta vida pode não ser o suficiente.

Acredito que essa inquietação, essa pressão para mudar, nos impele a evoluir naturalmente para esse eu único, se permitirmos. Nossa capacidade humana de mudar e crescer com o tempo abre uma nova porta de possibilidade: uma definição mais fluida do eu. Como uma árvore que pode se curvar com o vento, nós nos tornamos mais capazes de lidar com as mudanças da vida quando elas surgem. À medida que continua a seguir em frente e crescer, você tem mais experiências com o eu único ou o não eu, conexões com a natureza, com Deus, com um senso de espiritualidade, com o amor incondicional, a compaixão e o servir; você pode começar a ir além da simples sobrevivência. Você não está mais ligado ao você do momento presente. Você fica aberto para todas as possibilidades. Para mim, é esse eu único que não é identificado com o câncer, a dor ou o medo. O câncer é só um acontecimento físico do momento — ele é apenas o que é.

Durante o tratamento, minha saúde física era péssima. Eu sentia dor, não dormia bem e tinha pouca energia. Minha mente entrava e saía de várias emoções: depressão, exaustão, raiva, e às vezes tranquilidade. Meu eu único, que parecia estar acima da minha mente e ser capaz de observá-la confortavelmente, estava ótimo durante todo o tratamento, pois podia experimentar a dor e o sofrimento como coisas separadas. Ele era flexível e aberto para tudo o que eu estava experimentando. Dor e sofrimento eram apenas acontecimentos do momento, não a definição de quem eu era. Eu resistiria à dor e viveria, ou então morreria, mas a dor e o sofrimento não continuariam para sempre. Isso me dava uma sensação de paz durante a dor física extrema.

Houve, de fato, uma manhã em que acordei e não tive vontade de sair da cama, nem de ver TV ou de ler, nem de comer, e, francamente, nenhuma vontade de viver ou morrer. Eu não estava deprimido nem apavorado. Só fiquei ali, na minha cama confortável, sem necessidade de fazer nada. Eu estava em paz: a personificação do eu único. Essa nova sensação era curiosa e interessante, mas não perturbadora. Talvez morrer seja assim. Fiquei nesse estado por três dias inteiros, comendo pouco e sem fazer nada. Existe um termo na tradição da ioga, *samadhi*, uma sensação de conexão com tudo. Eu acredito que estava em *samadhi* naquele momento.

Na terceira noite, Kathy ligou para nossos vizinhos Chris e Brian. Chris estava morrendo de câncer, e Kathy queria levar comida para eles. Brian contou a Kathy que Chris morrera naquele dia. Depois de desligar o telefone, ela foi me ver, chorando e dizendo que eu não podia deixá-la. Naquele momento, minha mente consciente decidiu que eu podia voltar. Eu podia ter a força de vontade para continuar vivo para Kathy. Eu precisava sair daquele estado de paz transcendental e me religar à dor e ao sofrimento de estar no meu corpo. Não era uma ideia atraente, mas fui motivado pela necessidade de apoiar a pessoa que mais amo no mundo. Minha esposa precisava do seu marido de volta. Levantei da cama. Voltei ao mundo dos vivos.

QUINZE

Moedas do Céu

Deus é um conceito com o qual medimos nossa dor.
— John Lennon

Na minha vida, passei por acontecimentos que não se prestam a explicações científicas. Durante minhas dificuldades com Harriet, perguntei a Deus ou ao Espírito: "Será que de alguma forma eu fiz besteira?" No dia seguinte, ao entrar no carro, achei uma moeda no chão. No assento do meu carro havia outra moeda. Achei mais algumas moedas em lugares estranhos naquele dia. Não dei grande bola. Coincidência.

Naquela noite, fui dormir e joguei um travesseiro no chão, perto da cama. Na manhã seguinte, havia uma moeda bem no meio do travesseiro. Olhei para cima e ri, lembrando a expressão "moedas do céu". Nas semanas seguintes, encontrei moedas em tudo quanto é lugar. Fiquei com os bolsos cheios de moedas!

Percebi que Deus ou o Espírito tem senso de humor — aquela parecia ser uma mensagem engraçada, dizendo que tudo estava bem. É fácil pensar que fiquei mais alerta e vi moedas que antes poderia não ter visto. Imagino que eu passe por muitas moedas perdidas todos os dias sem vê-las. O número de moedas parecia absurdo — umas dez por dia durante meses! Eu certamente não conseguia explicar a moeda sobre o travesseiro. Perguntei a Kathy se ela a pusera ali e ela me olhou com incredulidade.

Na juventude, eu acreditava que Deus era só uma história que se contava para as crianças. Eu era no máximo agnóstico. Precisava de provas e não recebia nenhuma. Depois de muitos anos de estudos e de trabalho introspectivo, acabei acreditando que provavelmente existe um poder superior, um Deus ou um Espírito que afeta o comportamento humano. Vi dados demais na minha vida que não poderiam ter outra explicação, mas o cientista dentro de mim também vê a possibilidade de que Deus seja simplesmente um artifício da imaginação humana.

Considere o seguinte: no nosso estado primitivo, havia muitas coisas que não podíamos explicar, como os trovões e relâmpagos. Agora entendemos que eles são fenômenos físicos causados por mudanças de temperatura e cargas elétricas, mas para os povos primitivos eles eram assustadores e potencialmente letais. Esses povos diziam que isso era obra de um poder superior que estava exercendo sua força, e para se sentirem seguros, para terem algum controle sobre o desconhecido, eles criaram ideias e regras para esse poder superior: "Se Deus está zangado, devemos ter feito algo para merecer isso." "Se eu me comportar de uma maneira que agrada a Deus, coisas ruins não vão acontecer comigo." Isso dava aos povos primitivos uma sensação mínima de controle e compreensão dos acontecimentos. Esse controle fazia com que se sentissem mais seguros. Nesse modelo, os povos primitivos criaram a história de Deus para aplacar seus temores; portanto, Deus pode ter sido uma criação dos povos primitivos, vindo da Neuroimaginação humana.

No meu trabalho médico, vejo o tempo todo essa lógica sendo aplicada aos problemas de saúde das pessoas. Elas acham que se tivessem agido diferente, se não tivessem irritado Deus, não estariam enfrentando suas doenças. Elas culpam os pensamentos negativos ou o carma ruim por suas doenças. A verdade é que crises de saúde surgem para pessoas "boas" e "ruins". Você pode melhorar suas chances levando uma vida saudável, mas isso de maneira alguma significa que você será imune às doenças.

Sob muitos aspectos, esse medo e essa maneira de evitar crises podem ter sido a base para a criação da religião: crenças e práticas para agradar a um Deus ou a deuses invisíveis.

Se aplicarmos o conceito da neuroplasticidade aos nossos ancestrais, faz sentido que seus cérebros se remodelariam para incorporar o conceito divino em suas vidas diárias como um meio de explicar o desconhecido, criando a percepção de segurança num mundo potencialmente inseguro. Em essência, mediante suas crenças e seus comportamentos recém-adotados, eles remodelaram seus cérebros, criando o ponto de Deus físico.

Já foi demonstrado que um cérebro jovem é mais maleável que o cérebro de um adulto. Portanto, se o conceito divino fosse apresentado na infância (esse trovão é só Deus jogando boliche, minha mãe dizia), a adaptação do cérebro seria maior e o conceito divino ficaria impregnado mais profundamente na estrutura do cérebro da criança, reforçando crenças e comportamentos religiosos num nível profundo, inconsciente. Se expandirmos essa discussão para incluir a epigenética — que teoriza que com crenças e práticas nós alteramos não só nosso cérebro, mas também nossos genes —, concluiremos que o conceito divino pode ter sido passado de geração a geração.

À medida que sociedades inteiras se desenvolviam com o conceito divino incorporado em sua vida diária, o cérebro dessas pessoas ficava bem diferente do cérebro de seus ancestrais. Sua crença em Deus e a atividade do ponto de Deus as mudariam com o tempo, e o comportamento delas refletiria essas mudanças. Esses comportamentos e crenças ficam tão bem integrados na mente inconsciente das pessoas que elas não conseguem imaginar o mundo sem eles.

Nossa percepção do que é real é apenas um reflexo da nossa Neuroimaginação. Portanto, Deus é real, sob esse aspecto, e afeta nossa vida e nosso comportamento dramaticamente. Enquanto acreditarmos que existe um Deus, nós agimos como se Deus existisse, e isso molda nosso cérebro e nossas comunidades. Se o ponto de Deus faz parte do seu cérebro, você é incapaz de ver algo diferente da existência de Deus.

Então, nós temos o ponto de Deus porque ele se desenvolveu conforme o que descrevi acima, através do tempo e das gerações, ou foi Deus que o pôs ali? É como a questão do ovo ou da galinha. Talvez jamais saibamos a resposta. Nós criamos Deus ou foi Deus quem nos criou?

No que se refere ao nosso comportamento e à maneira como percebemos o mundo, não faz diferença se Deus está dentro ou fora de nós. O efeito na nossa vida e no nosso comportamento é o mesmo.

Supondo que seja verdade que criamos Deus com nossa Neuroimaginação, como podemos explicar os acontecimentos percebidos como milagres? Pode ser que esses acontecimentos sejam apenas coisas que ainda não conseguimos explicar cientificamente, como os homens das cavernas não conseguiam explicar o trovão e o raio, ou pode ser que de fato Deus exista.

Pensei na cascavel que Cheryl e eu vimos na caminhada. Ela estava ali como uma mensagem de Deus ou do Espírito ou era só uma cobra doente no meio do caminho, que eu interpretei como uma mensagem divina?

As tradições dos indígenas americanos têm uma abordagem interessante para esses momentos inexplicáveis. Em muitas dessas tradições, tais momentos representam a mão do mundo dos espíritos tocando nossas vidas. O Espírito está ao nosso redor e dentro de nós; tudo é uma coisa só. O papel do xamã é trazer o Espírito para fazer o trabalho de cura. O xamã não cura; o papel do xamã é criar um espaço para que o Espírito faça a cura. O xamã chega a esse papel por sua experiência de vida e sua prática. A história típica de um xamã detalha a sobrevivência a uma grande crise na vida, muitas vezes uma doença física que deixa o xamã à beira da morte, e um subsequente despertar espiritual. Com essa transição, os xamãs ganham acesso ao poder curativo do Espírito. Ao acessar o Espírito, acontecem muitas experiências e visões que são difíceis de explicar racional ou cientificamente.

Em meu trabalho, vi muitas coisas que não poderiam ser explicadas facilmente ou de forma racional. Numa jornada xamânica usando a respiração, vi uma imagem onírica do falecido pai de um grande amigo meu contando ao meu amigo que finalmente ele entendia o trabalho do meu amigo, e o quanto ele apreciava o trabalho que o filho fizera. Depois da jornada, meu amigo relatou a mesma experiência. Eu tinha visto o que ele vira. De alguma forma, compartilhamos a mesma visão. Mera coincidência?

Vi episódios de abuso que depois confirmei com os indivíduos envolvidos. Vi situações de vida que causaram danos emocionais, que não podiam ser explicadas, mas que me foram confirmadas pelos indivíduos depois das jornadas. Vi os fantasmas de crianças por nascer chamando pelas mães, que estavam no processo da jornada, querendo se unir a elas, e depois descobri que aquelas mulheres fizeram abortos no passado.

Todas essas experiências podem ser explicadas pelo conceito do mundo neuroimaginal. Eu posso tê-las criado com meus próprios desejos ou crenças, ou tido acesso a elas por meio de algum tipo de inconsciente coletivo. Embora eu entenda isso, ainda não me parece uma explicação adequada. Esses acontecimentos pareciam mais profundos.

Houve outros momentos notáveis e inexplicáveis na minha vida em que usei técnicas xamânicas. Kathy, que sempre tivera um ceticismo saudável para acontecimentos espirituais, uma vez me pediu para fazer algo surpreendente. A mãe dela estava numa UTI em Maryland depois de um problema sério de saúde, com infecções sanguíneas e derrames múltiplos. Ela deveria ter morrido, mas parecia estar se agarrando à vida. Eu estava dando um workshop no Havaí. Kathy pediu que eu fosse visitar sua mãe para saber por que ela estava se agarrando à vida. Obviamente, ela não estava pedindo que eu tomasse um voo para Maryland, mas que viajasse até sua mãe saindo do meu corpo, fazendo uma viagem astral, por assim dizer. Fiquei estupefato por minha esposa me pedir isso, mas sabia que Kathy queria que a mãe partisse em paz e parasse de sofrer, e isso a levou a pedir algo fora de suas convicções.

Naquela noite, usei um processo de jornada xamânica para "visitar" a mãe de Kathy. Fechei os olhos e respirei rápida e profundamente até sentir que estava abandonando meus pensamentos do momento, e então diminuí a respiração para um ritmo profundo e meditativo, enquanto concentrava meus pensamentos na mãe de Kathy. Comecei a receber uma imagem dela, um tanto desfocada, mas clara o suficiente para saber que era real.

Lá estava ela, numa cama fria da UTI, com o som mecânico do aparelho respirando por ela. Vi o corpo dela, mas a mulher que eu conhecia como minha sogra não estava nele. O corpo não tinha vida. Olhei para cima e lá estava ela, pairando acima do próprio corpo, uma versão enevoada e fantasmagórica da mulher que conheci por trinta anos. Perguntei por que ela não conseguia ir embora. Ela olhou para mim com preocupação nos olhos e disse:

— Quem vai tomar conta do papai?

Era assim que ela chamava meu sogro. Eu disse:

— Mãe, a gente vai tomar conta dele, não se preocupe.

Ela deu uma risadinha, cobrindo a boca com a mão, como sempre fazia para esconder os dentes, e foi embora com uma incrível expressão de paz e liberdade.

Liguei para Kathy na manhã seguinte e disse a ela que sua mãe havia morrido naquela noite. No íntimo, eu sabia que ela havia partido. Kathy respondeu:

— Impossível; minhas irmãs não me ligaram.

Depois ela foi ver e descobriu que seu celular ficara desligado à noite e que havia uma mensagem; sua mãe havia de fato morrido pacificamente naquela noite. Não posso explicar isso cientificamente. Eu ajudara a mãe dela a ir embora, e tive o prazer de contar a Kathy que ela fora embora rindo.

Carl Jung teve uma série de experiências inexplicáveis em 1913. Sonhando, ele viu imagens das ruas de sua Suíça natal banhadas em sangue. Depois viu enchentes destruindo milhares de pessoas, seguidas por uma terra árida onde nada crescia. Ele achou que estava ficando louco, até alguns meses depois, quando começou a Primeira Guerra Mundial. Foi então que ele percebeu que seus sonhos e visões eram premonições.

Nos anos seguintes, Jung documentou suas visões e as de seus pacientes, e percebeu que esse fenômeno não era incomum. De alguma forma, as pessoas estavam tendo acesso a um inconsciente coletivo e a informações fora de seus corpos. Jung e seus pacientes conseguiam visualizar e sentir coisas que não eram acessíveis pela interação humana direta. A partir disso, ele desenvolveu a disciplina da psicologia transpessoal, uma abordagem terapêutica que inclui o acesso a informações do inconsciente coletivo, exatamente como os xamãs e curandeiros religiosos faziam, acessando Deus ou o Espírito, há milhares de anos.

No plano da psicologia transpessoal, esses acontecimentos espirituais seriam explicados como ocorrências inter-humanas provocadas pela conexão de nossas almas. Nessa linguagem, Deus pode ser a soma das almas de todos os seres, o verdadeiro coletivo. A explicação, então, seria que todos os seres humanos têm uma conexão energética, e que, em determinados estados, todas as experiências podem ser compartilhadas. Faria sentido pensar que em momentos calmos, como a meditação, e de transe, como as jornadas xamânicas, esses contatos inter-humanos podem ser vividos com mais facilidade. Pode ser por esse motivo que nosso cérebro é fisicamente preparado para ter experiências espirituais. Pode ser por isso que eu e muitos outros tivemos acesso a informações e experiências fora dos planos normais de pensamento. Talvez o ponto de Deus seja um receptor de informações do inconsciente coletivo.

Na minha vida, passei por muitas experiências, como as moedas do céu e até minha experiência com a morte da mãe de Kathy, que eu poderia racionalizar, dizendo que estava tudo na minha cabeça. Minha tendência é ter um nível razoável de ceticismo sobre esses eventos, pois conheço o poder do cérebro para contar histórias a si mesmo. Quando sou o único a testemunhar um acontecimento, em geral eu o interpreto como fruto, ao menos em parte, da minha Neuroimaginação. No entanto, alguns acontecimentos me deixam sem entender nada.

Pelos últimos quinze anos, minha amiga Nita e eu lecionamos anualmente num retiro de uma semana no Hui Ho'Olana, no Havaí, no qual usamos o Processo de Respiração Xamânica. Praticamos a respiração numa construção octogonal em madeira rodeada por uma densa floresta tropical cheia de vida: pássaros cantam, lagartos "beijam" (fazem um som parecido com o estalo de um beijo) e folhas farfalham. Durante uma sessão de respiração particularmente rica, um dos participantes, um médico chamado Kevin, começou a arquear as costas dolorosamente, como se seu peito estivesse sendo puxado para cima. Ele estava fazendo uma careta preocupante, e eu senti um profundo trauma interior. Ao me aproximar dele, recebi uma imagem de uma substância preta e pegajosa como alcatrão envolvendo e sufocando seu coração. Depois de muitos anos fazendo trabalho xamânico, aprendi que há momentos em que é preciso agir de maneira que pode não fazer o menor sentido de acordo com a linguagem típica da medicina. Muitas dessas técnicas vêm de ensinamentos xamânicos e curas energéticas indígenas. Naquele caso, meu instinto me dizia para enfiar a mão no peito dele — energeticamente — e limpar aquela gosma. Era como se estivesse mexendo num líquido espesso e aquilo grudava nas minhas mãos enquanto eu tentava removê-lo aos poucos. Consegui tirar alguma coisa, mas era mais difícil do que qualquer trabalho energético que eu já fizera. Eu estava ficando cansado, o que não era comum. Sabia que precisava de ajuda.

Eu me sentei atrás dele numa postura de meditação e perguntei a Deus ou ao Espírito: "Você pode ajudá-lo?" Em poucos segundos, vi um brilho dourado e duas mãos tocando e envolvendo o coração dele. Os braços saíam de uma túnica branca, e as mãos eram suaves e delicadas. Meu conhecimento interior me contou que aquelas eram as mãos de Jesus (uma visão um tanto esquisita para um judeu). Eu mal conseguia respirar. Havia uma sensação infinita de compaixão e graça divina. Lágrimas me vieram aos olhos, porque aquilo era mais lindo do que qualquer coisa que eu já vira. Aquelas mãos imensas e delicadas seguraram o coração do meu amigo por uns cinco minutos enquanto eu observava, estarrecido. Não fiz nada e não falei nada, mas me senti muito honrado por ter testemunhado aquela cura.

Depois da sessão, outro participante perguntou o que acontecera com Kevin. Essa pessoa havia visto um brilho dourado sobre o peito dele. Aquilo me chocou. Eu desconversei e disse que não sabia o que tinha acontecido, mas que parecia algo poderoso. Aí Nita virou para mim e disse:

— O que aconteceu com Kevin? Tinha uma energia enorme ao redor dele.

Àquela altura, meu ceticismo começava a ficar realmente abalado. Embora Nita não tivesse visto exatamente o que eu vira, havia visto algo significativo.

— Eu estava limpando uma gosma em volta do coração de Kevin e percebi que era demais pra mim, então pedi ajuda. Juro que vi as mãos de Jesus surgindo e curando o coração dele. — Eu sabia que minha surpresa devia ter sido perceptível no meu rosto.

Combinamos não dizer nada aos outros participantes, pois queríamos que eles tivessem suas próprias experiências daquele evento, especialmente Kevin, mas o nosso encantamento nos fazia vibrar por dentro.

Quando eu estava voltando para o meu chalé, senti vontade de ligar para Kathy. Eu precisava compartilhar aquilo com ela.

— Como você sabe que era Jesus? — ela perguntou, com um tom claro de dúvida na voz.

— Pelas sandálias, a túnica e o crachá com as palavras: "Olá, eu sou Jesus. Em que posso ajudar?"

Ela riu, e percebi que no fundo ela estava comovida e curiosa. Pode ter sido o tom da minha voz, mas ela notou que algo inacreditável havia acontecido.

Na manhã seguinte, no café da manhã, Kevin perguntou o que eu fizera no peito dele. Ele disse que parecia que eu tinha feito uma cirurgia cardíaca. Fiz pouco caso e disse que fiz um trabalho energético no peito dele, exercendo pressão, e isso podia tê-lo deixado dolorido. Aí ele me perguntou o que eu fizera com as mãos dele. No meio das palmas das duas mãos havia hematomas do tamanho de uma moeda de um dólar, perfeitamente redondos. Ele também tinha essas marcas nos pés. Eu já tinha ouvido falar no fenômeno dos estigmas, mas nunca os tinha visto nem acreditado neles, para ser sincero.

— O que você sentiu durante a respiração? — perguntei, ansioso para saber o que ele experimentara.

— Senti que meu coração estava sendo segurado — não, curado — por algo muito suave e belo.

Isso tornou a experiência muito mais real para mim. Se Kevin tivesse visto Jesus, ele poderia ter criado os estigmas inconscientemente. O fato de ele não ter ligado a experiência a Jesus, e mesmo assim ter desenvolvido espontaneamente marcas em suas mãos e seus pés que ele não interpretara como estigmas, era profundo. Ele estava, no jargão dos pesquisadores, cego para o efeito, e o resultado fora documentado e testemunhado por outros observadores.

Até aquele momento, eu tentara continuar cético. Talvez eu quisesse entregar Kevin a Jesus para ser curado. Talvez, naquele transe da respiração, eu tivesse criado esse efeito; no entanto, eu sabia que não tinha nem tocado nas mãos de Kevin. Aquilo me arrebatou. Eu não tinha como explicar o que acontecera usando a neurofisiologia ou a ciência, mas lá estava o meu colega com estigmas nas mãos e nos pés!

Fiquei sentado ali, absorvendo a maravilha do acontecimento, estupefato, intrigado e profundamente honrado por ter estado presente. Era um milagre — eu havia testemunhado o trabalho curativo de Jesus.

Eu sabia o suficiente para apenas ficar ali, observando Kevin mostrar seus estigmas para o grupo. Eu não quis crédito, nem me introduzi na história; ela não dizia respeito a mim. Era uma mordida de um sanduíche que eu iria saborear para o resto da vida.

À medida que minha ligação com Deus ou o Espírito aumentava com esses acontecimentos, comecei a perceber que não havia necessidade de tentar controlar a vida. Tudo o que eu podia fazer era aproveitar o passeio, enquanto a vida acontecia, com todos os seus sofrimentos e alegrias. Afinal, se *existe* um Deus ou um Espírito fora de nós, quanto controle temos realmente? Eu me dei conta de que meus pequenos planos não significavam nada na vastidão da existência. Eu não tinha nenhum controle sobre o quadro geral da vida.

Então por que precisamos sentir que estamos no controle? É simples. Para a maioria das pessoas, o controle equivale a uma percepção de segurança. Pense novamente nos nossos ancestrais das cavernas e no trovão: se nós o entendermos, poderemos controlá-lo; se pudermos controlá-lo, ele não vai nos machucar. Nós usamos esse mesmo tipo de pensamento mágico para a nossa saúde: se eu puder controlar todos os fatores de risco das doenças, não vou ficar doente. Infelizmente, isso é uma ilusão. Todos conhecemos pessoas que levaram vidas saudáveis e morreram jovens, e também pessoas que fumavam muito e comiam mal e viveram até ficar bem velhas.

Deixe-me contar uma história baseada num velho conto chinês. Um sexagenário que nunca teve carro ganha um carro zero num sorteio beneficente. Todos os amigos lhe dizem que ele tem muita sorte, porque agora pode visitar os filhos mais frequentemente e ir ao mercado ou ao cinema sempre que quiser. A única resposta dele é: "Sorte? Talvez sim, talvez não." Algumas semanas depois, ele sofre um acidente com o carro e vai parar no hospital. Os amigos lhe dizem que aquilo é uma tragédia, que ele nunca deveria ter dirigido, e que foi muito azar ganhar o carro. A resposta dele é: "Azar? Talvez sim, talvez não." Enquanto ele está no hospital, um curto-circuito provoca um incêndio em sua casa. Se ele estivesse lá, certamente teria morrido. Os amigos lhe dizem que foi muita sorte ele estar no hospital, e que ele vai se recuperar do acidente, mas que teria morrido se estivesse em casa. A resposta dele é: "Sorte? Talvez sim, talvez não."

Essa história pode continuar infinitamente, mas a mensagem mais importante é que realmente não sabemos quais serão os efeitos de qualquer acontecimento ou escolha no longo prazo. Baseamos nossas escolhas em nossas projeções neuroimaginais dos resultados. Fazendo isso, podemos garantir nossas apostas baseando-nos em nossa experiência, mas na verdade não sabemos o que vai acontecer. Quantas grandes ideias e quantos planos de negócios fracassam?

Quanto controle realmente temos sobre o quadro geral da nossa vida? Muito pouco, eu diria, se tanto. Isso pode ser perturbador ou libertador. É perturbador e assustador se a falta de controle faz você se sentir inseguro, ou se o medo impede que você corra riscos e tente coisas novas. Ele destrói a criatividade e impede que você viva plenamente.

No entanto, não ter controle pode ser libertador se você for capaz de relaxar e aceitar esse conceito. Viver dessa maneira leva ao encantamento e à curiosidade; é a base da criatividade e do crescimento pessoal. Também diminui o medo da morte, pois a morte não está sob nosso controle. É o grande desconhecido. Apenas viva a vida, faça o melhor que puder, e aproveite os momentos que a vida traz.

Não estou sugerindo que você abandone qualquer cautela e apenas ande pela rua dizendo: "Não tenho controle." As regras sociais e morais foram criadas para melhorar nossa capacidade de viver juntos e minimizar os danos que causamos aos outros. Afinal, não estou descartando a ideia de um céu ou um inferno, portanto, garanta suas apostas na direção que você achar adequada.

O que sei é que, quanto mais contato temos com o eu único e quanto mais nos afastamos do eu das preocupações do dia a dia, mais abertos ficamos para a mudança e a criatividade. Quanto mais você aceitar isso, menos medo vai sentir.

Se você puder aceitar essa falta de controle, vai conseguir aceitar o que quer que surja em sua vida e entender que pode ser bom ou ruim, e que você não saberá por algum tempo, ou talvez nunca. Assim, nada começa a parecer ruim. A vida, como Helen Keller disse, pode ser uma "aventura destemida", e todos os acontecimentos podem se tornar experiências de aprendizado.

Você pode escolher o mundo onde quer viver. Ele pode ser uma casa de medo e limitação ou uma casa de mistério e criatividade. Você escolhe sentir raiva ou compaixão por suas fraquezas e pelas fraquezas dos outros? O seu mundo vai ter o medo da morte ou a alegria de viver? É simples assim.

DEZESSEIS

As Pétalas de Zuzu

Certos dias, não haverá uma canção no seu coração.
Cante assim mesmo.
— Emory Austin

No clássico filme *A felicidade não se compra*, George Bailey, interpretado por Jimmy Stewart, sente que sua vida não teve nenhum significado. Numa fria noite de inverno, depois de um terrível revés financeiro, ele enche a cara, se envolve numa briga de bar e grita com a esposa. Ele se enfurece com a filha Zuzu, que queria que ele consertasse sua flor, que estava perdendo as pétalas. George enfia as pétalas no bolso e sai de casa. No final dessa noite longa e desesperançosa, ele vai parar em cima de uma ponte, pronto para saltar nas águas geladas lá embaixo, sentindo-se inútil e com raiva de si mesmo por gritar com todos que o amam. Ele não quer mais viver.

Um anjo, Clarence, o procura e lhe mostra como sua família e sua cidade sofreriam se não fosse pelos pequenos gestos de amor que ele semeou durante toda a sua vida. A esposa dele seria uma solteirona amargurada, a economia da cidade estaria em frangalhos, o irmão dele estaria morto, seus amigos estariam na pior, seus filhos não teriam nascido.

Bailey acaba percebendo o quanto ele é importante para os outros e como sua vida foi rica de verdade. Isso se confirma quando ele enfia a mão no bolso e encontra as pétalas da flor de Zuzu. Naquele momento, ele sabe que vai ter uma segunda chance na vida.

Como George Bailey, todos temos a oportunidade de refazer nossa vida, se lembrarmos o significado e o propósito que já temos. Podemos simplesmente enfiar a mão no bolso e encontrar os pedaços desta vida que nos fazem lembrar o quanto ela é, de fato, maravilhosa.

Ninguém é pobre quando tem amigos.
— Clarence, o Anjo, em *A felicidade não se compra*

Para mim, as pétalas de Zuzu são os relacionamentos que desenvolvi, os filhos que criei e o trabalho que realizei. As pétalas são o apoio da minha família e dos amigos. Também são os e-mails, cartões e cartas que recebi de amigos do mundo inteiro depois do diagnóstico, dizendo o quanto apreciam a mim e ao meu trabalho; mensagens sobre como transformei vidas, salvei casamentos e inspirei carreiras. Minha vida teve significado. Sou grato por ter recebido a chance de ser esta pessoa, neste planeta, nesta época. Sou grato por ter recebido esse amor e esse apoio. Eu sei que, se eu morrer hoje, esta vida foi maravilhosa. Os relacionamentos são sempre o ingrediente principal dos sanduíches da maioria das pessoas, e pode-se dizer que a gratidão é o pão que segura tudo.

A maioria de nós sente gratidão na vida por presentes, amigos, gentilezas, ou, às vezes, apenas uma boa refeição, mas quanto tempo passamos a cada dia sendo conscientemente gratos por essas coisas ou esses momentos? Raramente transformamos a gratidão numa prática.

A prática diária da gratidão muda o seu foco para as partes da vida que você aprecia. Você continua vendo e lidando com as partes difíceis, mas o seu foco emocional muda para a gratidão. Quando praticamos a gratidão diariamente, a vida se torna doce, independente das circunstâncias.

Durante o meu tratamento, um amigo da Carolina do Norte, Mark, e eu conversamos de madrugada por mensagens de texto, e isso nos levou a um brinde a quase 5 mil quilômetros de distância. Foi uma das últimas vezes que provei um ótimo uísque escocês com um grande amigo. Foi uma delícia estar com ele, graças à tecnologia, em meus momentos de cansaço. Nada grandioso, nada dramático, apenas a simples amizade. Um momento simples, gratidão simples.

Um acontecimento que mudou minha visão das tais listas de coisas para se fazer antes de morrer aconteceu no meio do meu tratamento. Outro amigo chamado Mark, sua esposa, Anna, e a família deles vieram de Pittsburgh nos visitar durante uma das minhas pausas na quimioterapia. Sabendo que minha vida poderia acabar antes do esperado e sabendo o quanto amo rock'n'roll, ele me perguntou, um dia, qual o grupo que eu mais gostaria de ver antes de morrer. Rindo, eu disse que eram os Beatles (eu sabia que teria que esperar até depois de morrer para vê-los!).

Quando eu tinha 7 anos, sentado no chão, a meio metro de uma TV preto e branco de tela redonda, vendo os Beatles no *Ed Sullivan Show*, minha vida mudou. A energia, a vibração e a paixão que saíam do pequeno alto-falante da TV ressoavam pelo meu corpinho, criando uma paixão por rock'n'roll que continua viva até hoje.

Mark disse: "Você gostaria de conhecer Paul McCartney?" Eu disse: "Claro", sabendo que era uma tarefa impossível para alguém que não estava no ramo musical, e difícil até para quem tivesse contatos. Ele me ligou um mês depois para me dizer que estava se empenhando na tarefa, e que tinha um plano. Ele entrara em contato com o piloto de Paul, que ele conhecia de Pittsburgh, e estava tentando viabilizar o encontro. Comecei a gargalhar de prazer. Embora conhecer Sir Paul fosse algo que estaria na minha lista de coisas para fazer antes de morrer, eu tinha algo melhor: um amigo disposto a sacrificar uma boa parte de seu tempo e sua energia para me fazer feliz. Só saber disso já era uma pétala enorme no meu bolso.

Eu não tenho mais uma lista de coisas para fazer antes de morrer. Eu tenho amor na minha vida. Isso é muito maior que ver as Pirâmides, escalar montanhas, comer comida tailandesa na Tailândia ou qualquer outra atividade física que poderia ser divertida. Eu fui amado e amei. Minha lista está completa.

Acredito que todos nascemos com a capacidade de sentir gratidão, mas muitas vezes nós mesmos nos atrapalhamos. Exemplos comuns disso são o pessimismo e o perfeccionismo. Pessimistas e perfeccionistas podem ter coisas para agradecer na vida, mas logo encontrarão um motivo para não achá-las certas ou perfeitas, ou pensar que poderiam ser melhores. Suas mentes neuroimaginais ficam buscando erros ou falhas. Ao fazer isso, eles imediatamente passam para o negativo, sem curtir nem um breve momento de gratidão. "Sim, mas..." é a linguagem deles. Eles não conseguem apreciar um sanduíche, porque ele tem maionese demais, alface de menos, ou o pão está duro ou macio demais.

Na outra extremidade do espectro estão aqueles que ignoram as dificuldades, até que sua vida desmorona. Vejo muito isso em pessoas com vidas e práticas espirituais significativas. Elas ficam cegas para as realidades da vida, mergulhando mais fundo em suas práticas: "Se eu meditar e fizer ioga, tudo isto vai passar." Já vi muitas pessoas que não têm consciência de si próprias ou do mal que causam aos outros, e usam a prática espiritual para evitar sua vida real.

Minha amiga Nita e eu chamamos isso de corta-caminho espiritual. As pessoas usam práticas e crenças espirituais para desculpar as coisas ruins que fazem com os outros e buscam um "atalho" para fugir de quem elas realmente são. Gurus e sacerdotes fazem isso inconscientemente para evitar os aspectos sombrios de suas personalidades. É assim que a pedofilia e as práticas sexuais podem acontecer entre líderes religiosos. Eles não ousaram olhar para seu lado sombrio. Conseguem apreciar seu sanduíche, mas, enquanto comem, o telhado cai na cabeça deles. A ignorância nem sempre traz a felicidade.

Praticar a gratidão significa encarar a realidade, tomando consciência dos seus muitos aspectos: seu eu interior, seu eu único, suas subpersonalidades e as pessoas ao seu redor. Significa entender e abraçar seu lado sombrio. Significa renunciar à necessidade de se controlar e controlar os outros, cultivar a compaixão por aqueles que magoaram você, ter consciência das partes difíceis da sua vida e continuar conseguindo enfiar a mão no bolso numa noite escura e fria, antes de saltar de uma ponte, para encontrar uma pequena e inocente pétala. A gratidão é a expressão definitiva da esperança.

Uma prática saudável da gratidão é simples. Você não precisa pintar de cor-de-rosa as partes ruins, apenas se lembre das partes boas de vez em quando. Lembre-se: o que você procura é o que você encontra.

Um jeito simples de fazer isso, que dá resultado para mim, é ter um bloco de papel ou um diário na cabeceira da cama, e toda noite escrever três coisas que aconteceram naquele dia pelas quais você se sente grato. Podem ser coisas simples, como uma ótima refeição, uma boa piada, ou simplesmente a felicidade de passar tempo com alguém de quem você gosta. Ao desenvolver essa prática, você descobrirá que vai começar a procurar coisas para escrever a cada dia, e que, em vez de procurar coisas erradas no mundo, vai começar a se concentrar nas coisas que estão certas. Depois de fazer isso por umas três semanas, você vai começar a notar uma diferença. Você está remodelando seu cérebro para se tornar grato, até otimista.

Uma outra prática simples tem me ajudado imensamente. Ela foi desenvolvida por uma organização chamada HeartMath e se chama Coerência Rápida®. A base desse processo é respirar bem fundo e lentamente e pensar numa emoção positiva. Você REDIRECIONA sua respiração, como se as longas e lentas inspirações estivessem entrando e envolvendo seu coração, enquanto ATIVA a emoção positiva. Alguma coisa pela qual você se sente grato funciona bem. Mantenha esse estado de emoção positiva e respire fundo lentamente, ao menos por um minuto, quando estiver aprendendo a prática. O REDIRECIONAMENTO na respiração equilibra seu sistema nervoso e o coloca num estado mais relaxado. A ATIVAÇÃO de uma emoção positiva reconfigura o cérebro para pensar de forma otimista e harmoniosa.

Essa combinação de respiração e emoção positiva é extraordinariamente eficaz em reduzir o estresse e produzir gratidão. Você pode expandir essa prática pensando em pessoas que você ama e coisas que adora fazer. Quase qualquer emoção positiva funciona bem.

Essa prática fez uma profunda diferença até nos aspectos mais mundanos da minha vida. Ela me ajudou a controlar a raiva e encontrar gratidão até em momentos difíceis. Eu estava lecionando nas proximidades de Washington e precisava voar para Wisconsin naquela noite para dar uma aula às nove horas da manhã no dia seguinte. No meio da aula, recebi uma mensagem de texto da United Airlines dizendo que meu voo havia sido cancelado. Mudei minha respiração e me concentrei nas pessoas da minha turma de quem eu gostava (emoção positiva). REDIRECIONAR e ATIVAR. Isso me acalmou na hora e permitiu que eu continuasse a aula. Eu não estava me iludindo; estava apreciando aquela turma.

Depois que a aula acabou, liguei para a United e perguntei se havia alguma outra maneira de chegar à região de Milwaukee na manhã seguinte. Eles disseram que o único voo que eu poderia pegar partia do Aeroporto Internacional de Baltimore Washington e ia para Chicago, e de lá eu teria que dirigir o resto do caminho. Embora isso significasse dirigir no horário de pico e chegar em Wisconsin bem tarde, mudei minha respiração e ativei a gratidão por ao menos conseguir chegar lá. Não deixava de ser um tremendo inconveniente, mas eu mudei meu foco para o resultado final, para o positivo, o que evitava acrescentar ansiedade e frustração a uma situação desafiadora. REDIRECIONAR e ATIVAR.

Quando cheguei ao check-in do aeroporto, não havia ninguém lá. Faltavam cerca de quarenta minutos para o último voo (o meu), por isso o pessoal da bilheteria já tinha ido embora. Toquei a campainha algumas vezes e mudei minha respiração. A emoção positiva que encontrei foi pensar nos meus amigos Harry e Cheryl, que moram ali perto. Na pior das hipóteses, eu teria que passar a noite lá e ligaria para Harry e Cheryl para perguntar se a gente poderia se encontrar. Aí eu poderia pegar um voo de manhã cedo. REDIRECIONAR e ATIVAR.

Finalmente, consegui chamar a atenção de uma funcionária da United, e ela me disse que eu não estava na lista de passageiros. REDIRECIONAR e ATIVAR — jantar com Harry e Cheryl. O supervisor dela notou que eu era um Cliente Ouro e disse que eles me mandariam para Chicago, mas o único assento disponível era no meio na última fileira, nem um pouco confortável. REDIRECIONAR e ATIVAR. Bem, pelo menos eu chegaria lá.

Felizmente, acabei me sentando ao lado de um cara de uns 30 anos que queria abrir um clube de blues em Maryland. Passamos duas horas fantásticas conversando sobre música e trocando iPods. Foi bem divertido. REDIRECIONAR e ATIVAR.

Embora eu ainda tivesse que dirigir duas horas de Wisconsin até Chicago, liguei para a minha esposa, que estava no jogo de beisebol do meu filho. Ela começou a me narrar o jogo lance por lance, e depois passou o telefone para todos os nossos amigos na arquibancada, que continuaram a narração lance por lance. Uma transmissão esportiva de um jogo a 3.600 quilômetros de distância, com minha esposa comandando a narração, é um momento que jamais vou esquecer.

O que poderia ter sido uma viagem horrorosa acabou se tornando algo divertido. Vinte anos atrás, eu ficaria pê da vida com a United Airlines e resmungaria a viagem toda. Agora eu simplesmente uso a técnica REDIRECIONAR e ATIVAR — enfrento o que está diante de mim e sigo em frente.

Essa técnica simples tem sido bastante eficaz ao lidar com o meu câncer. Enquanto fico sentado por seis horas, fazendo a quimioterapia e me sentindo na merda, posso mudar meu foco para o fato de que a quimioterapia está matando as células cancerígenas, e assim mudar minha atitude para com o tratamento. Uso essa técnica quando estou deitado na maca da radioterapia, REDIRECIONANDO minha respiração e ATIVANDO a imagem das minhas células cancerígenas murchando e sumindo. A dor se transforma em esperança.

Com essa técnica, aprendi a gostar de ficar em casa mesmo quando me sinto mal. Em vez de reclamar por não estar trabalhando e tendo uma renda, eu REDIRECIONO, ATIVO, e aproveito o tempo para assistir a bons filmes. Em vez de reclamar por não conseguir ficar de pé para ver shows de rock no Fillmore, eu REDIRECIONO, ATIVO e curto shows que começam mais cedo, com lugar para sentar. A vida continua; só está diferente agora, e um bom sanduíche ainda é um bom sanduíche.

A gratidão foi construída e reforçada com essas práticas diárias simples. Ainda consigo me concentrar e administrar problemas na minha vida. Eu só me dou uma folga de vez em quando com a gratidão. É só REDIRECIONAR e ATIVAR.

Meu pai me ensinou a trabalhar com aquilo que amo. Ele sempre dizia que eu iria passar mais tempo no trabalho do que em qualquer outro lugar. Uso a prática da gratidão para me concentrar nas partes do meu trabalho que me empolgam e que me dão mais prazer. Isso me ajudou a desenvolver minha carreira em direções que me dão alegria e aumentam a paixão pelo meu trabalho. Expandi minha carreira usando a gratidão pelas coisas que posso fazer a cada dia. Quando tive que parar de trabalhar, passei a sentir gratidão por poder ficar em casa com Kathy todo dia. Encontrei um trabalho voluntário local e criei um blog para alimentar a parte da minha alma que é voltada para o trabalho. A gratidão ajuda a vida a fluir. A vida é flexível; a morte é rígida. É daí que vem a expressão *rigor mortis*.

Também pratico a gratidão de uma maneira muito mais profunda. Numa madrugada bem fria de inverno, há uns 15 anos, deitado na cama às cinco e meia, em vez de me levantar para meditar na sala, como fiz por anos, resolvi meditar na cama. Naquela manhã, decidi fazer uma meditação sobre o amor, por isso estiquei o braço e Kathy se aconchegou no meu peito. Meditei por 45 minutos sobre quanto amor há na minha vida e o quanto sou grato por ele. Kathy parecia ronronar no sono. Há 15 anos, essa tem sido minha rotina matinal, de 30 a 45 minutos de amor antes de levantar. Eu sei que estou reconfigurando meu cérebro para o amor incondicional. Também sei que estou gerando uma profunda gratidão pela minha vida, que é muito rica e significativa, e acredito que, emanando amor para Kathy dessa maneira, posso afetar a vida dela positivamente. Que maneira ótima de começar o dia: gratidão e amor — o recheio e o pão do meu sanduíche numa saborosa mordida.

DEZESSETE

Sopa de Amor

Sempre foi assim: o amor não conhece sua própria profundidade até a hora da separação.
— Khalil Gibran

A reação de Kathy ao meu câncer foi variada. Às vezes ela era a médica: "Faça assim; não faça assado." Às vezes ela era a cuidadora, me dando tudo do que achasse que eu precisava. Ocasionalmente, ela apenas me abraçava. Essa era a parte mais difícil para ela.

Abraçar o marido fraco e doente — me ajudando a ir para o banheiro vomitar, me vendo lutar com a dor para sair da cama — às vezes era quase insuportável para ela. Eu era o próprio cara com câncer: pele amarelada, gorro de lã, suéter e calça, magro e fraco. Eu sei que às vezes pareço a própria morte.

Era impossível para ela trabalhar um dia inteiro na clínica, voltar para casa para cuidar de mim, e então encarar o fato de que eu podia estar morrendo. As duas primeiras coisas ela fazia muito bem. Trabalhava, cozinhava, limpava, fazia compras e cuidava de mim de todas as formas possíveis para ela, mas tinha dificuldade para simplesmente me abraçar. Kathy demonstra amor fazendo; eu demonstro amor sendo. As necessidades de ambos não estavam sendo plenamente atendidas.

Kathy se tornou a rainha da sopa. Ela e Cheryl adoram sopa, podem tomar sopa todos os dias da semana. Eu não adoro sopa. Há algumas sopas das quais gosto, especialmente sopa chinesa picante e sopa francesa de cebola, mas um estômago inundado pelas drogas da quimioterapia e sofrendo sessões diárias de radioterapia não se daria bem com nenhuma delas. Num período de duas semanas, Kathy fez sete sopas diferentes, enquanto eu lembrava delicadamente a ela que eu não gostava de sopa antes de ficar doente, e que a doença não havia aumentado minha apreciação. A rainha da sopa persistia. Fazer algo para mim era como ela mostrava que me amava, mesmo não atendendo às minhas necessidades.

Uma noite, durante um período do tratamento com químio e radioterapia, eu estava profundamente fraco, enjoado e exausto. Eu precisava ser abraçado. Levantei da cama, sentindo náuseas, e fui cambaleando até a sala de estar, onde Kathy estava assistindo ao seriado *Private Practice*. Kathy adora seriados médicos. Eu sempre achei isso engraçado, pois eles são ridiculamente artificiais: os médicos são todos bonitos, os diagnósticos estão sempre corretos e pediatras fazem cirurgias cardíacas. Até Kathy admite que são bobos, mas são uma forma divertida de esquecer os problemas. Ela passa o dia atendendo pacientes e depois volta para casa para ver outros médicos cuidando de pacientes.

Naquela noite, eu precisava ser abraçado. Não precisava de comida, não precisava de água, e definitivamente não precisava de sopa. Estava exausto, mas não suportava a ideia de dormir sozinho.

Numa voz fraca, pedi:

— Vem pra cama e me abraça até eu pegar no sono.

— Quero ver *Private Practice* — ela disse.

— Vem me abraçar, por favor, só até eu pegar no sono. Você pode ver TV no quarto.

— Não — ela insistiu —, quero ver aqui.

Fiquei com raiva.

— Então grava essa merda. Grava todos os episódios e, quando eu morrer, você vai poder ver todos.

Ela ficou chocada e se afastou de mim, chorando.

Fui me deitar zangado. Eu não precisava de sopa. Não precisava de TV. Precisava que minha esposa me abraçasse. O dia seguinte inteirinho eu continuei irritado. Por que ela não podia simplesmente me abraçar quando eu precisava? Pensando nisso, quando a raiva passou, comecei a perceber que me abraçar significava ficar comigo enquanto eu estava mal. Me abraçar significava sofrer comigo. Me abraçar significava que o marido dela estava morrendo.

Na noite seguinte, tigela de sopa na mão, perguntei para ela se isso era verdade. Ela concordou. Depois de um dia inteiro trabalhando, cozinhando e limpando, ter que ser lembrada da minha mortalidade era demais para ela. Ela precisava fugir de tudo vendo TV.

Logo descobri que Kathy tinha seu próprio jeito de lidar com minha morte iminente. Ela saía para correr, e a cada passo uma lágrima caía de seus olhos. Ela corria até não conseguir chorar mais, pisoteando sua dor no asfalto com cada passo exaustivo, até conseguir voltar para casa para recomeçar sua tarefa como cuidadora. Ambos precisávamos lidar com minha morte à nossa maneira e, embora essas maneiras muitas vezes divergissem, aprendemos a aceitar nossas diferenças, embora isso às vezes ainda me entristecesse.

Na última passagem de ano, fomos a uma festinha com velhos amigos, depois voltamos para casa e tomamos champanhe sentados no sofá. Kathy começou a chorar.

— Ano passado, na passagem de ano, fiquei sentada no sofá, vendo a bola descer na Times Square. Você já tinha pegado no sono, e eu fiquei aqui chorando, sabendo que iria passar todo ano-novo, pelo resto da vida, sozinha, sem você.

Ela nunca tinha compartilhado isso comigo. Fiquei muito feliz em adiar essa visão dela, ao menos por um ano.

Com o passar do tempo, e com a minha recuperação, ela se tornou muito mais capaz de simplesmente estar comigo, me abraçando quando eu preciso. Quero abraços, não remédios (nem sopa), digo a ela.

Meu câncer tem sido muito mais difícil para Kathy do que para mim. Eu posso escolher o que comer, que suplementos tomar e se devo me manter ativo, o que me dá um certo controle sobre a situação. Minha esposa não tem poder nenhum. Ela não pode controlar meu comportamento ou minhas escolhas de tratamento, e certamente não pode controlar o câncer. Para uma mulher forte, que prefere estar no controle, isso às vezes é mais do que ela é capaz de suportar.

Logo aceitei que a única coisa que eu podia fazer para melhorar isso era continuar vivo, e isso eu já estava tentando. Eu poderia continuar participando da vida, manter a consciência de ser o seu marido e amá-la pelo que ela era, não pelo que eu gostaria que ela fosse. Aprendi até a me sentar com ela no sofá e abraçá-la enquanto ela assiste aos seriados médicos.

O processo de lidar com a morte levou a algumas conversas que jamais teriam acontecido antes. Demos risadas planejando meu funeral, para o qual eu escrevo os discursos que nossos amigos e familiares farão. O plano é que minha amiga Ronna toque "Hit the Road Jack" no violão enquanto todos formam fila para tomar tequila, e depois um grupo de funk vai tocar e todos vão dançar, embriagados. Já que é preciso partir, que seja inesquecível.

Em duas das minhas pausas da quimioterapia (você tem um mês de descanso entre as sessões para que o tratamento não te mate antes do câncer), fomos para San José del Cabo, no México, só para ficar na praia, ler, e ir toda noite à cidade jantar e chupar picolé. Era uma maneira de simplesmente passarmos tempo juntos. A comida era ótima e, como eu não estava fazendo quimioterapia, meu apetite havia voltado. Mais do que isso, eu não ingeria álcool havia meses, e estava sentindo falta de uma bela dose de tequila. Minha primeira margarita em meses foi o paraíso. Meu fígado também não via álcool havia meses, e fiquei completamente bêbado com uma única dose e curti cada momento.

Estávamos deitados num colchão redondo, num bangalô aberto, numa praia que se estendia por três quilômetros, e eu perguntei a Kathy:

— Se eu morrer, você vai sair com outros homens?

Eu queria muito que ela soubesse que não teria problema, que isso não me incomodaria. Quero que ela seja feliz e se divirta pelo resto da vida, mesmo sem mim.

Ela se virou, me olhou bem séria e disse:

— Não, você me acostumou mal demais.

Pensei que ela estivesse brincando.

— Não, estou falando sério. Você faria isso?

Ela me olhou com o que eu sabia que era um profundo amor no olhar.

— Não estou brincando. Nosso casamento foi tão maravilhoso que não estou disposta a tentar recriar tudo isto. Você sabe o quanto sou tímida. Tive um casamento maravilhoso, e isso é o bastante pra mim.

Eu derreti. Foi a coisa mais doce que ela já me dissera, e eu a conhecia bem o suficiente para saber que era verdade. Eu também sentia isso. A verdade é que nosso casamento foi maravilhoso, mesmo não tendo sido sempre fácil. Houve desafios, dificuldades, passos em falso e desentendimentos, e não apenas sobre sopa. Mesmo assim, esse relacionamento valia uma vida de amor, por mais longa ou curta que fosse.

No fundo eu sei que, se eu morrer, outros homens irão atrás dela. Ela é doce, atraente, e sua companhia é um prazer. Adora beisebol, está em excelente forma, fica muito gostosa pedalando de shorts, e adora a vida. Qualquer homem seria um felizardo em estar com ela, e muitos vão tentar, tenho certeza. Espero que tentem, pelo bem dela. Ela merece o prazer da vida e de ser cortejada. Só espero que eles sejam tão amorosos com ela quanto eu tentei ser.

Recentemente, tivemos outra conversa que me surpreendeu. Eu me dei conta de que, quando morrer, não quero ficar enterrado em algum lugar sem ela. Perguntei a Kathy se eu poderia ser cremado e guardado numa caixa em casa, e, quando ela morresse, podíamos pedir que as crianças a cremassem, e seríamos enterrados juntos. Ela chorou e disse que aquela era a coisa mais romântica que ela já ouvira. Não é uma conversa usual para um casal na casa dos 50. Fico grato porque tivemos a oportunidade de falar disso.

Encorajo você a ter essas conversas com seus entes queridos, sejam elas difíceis ou não. Não espere ser tarde demais. É uma bênção estar um com o outro dessa forma.

Com o tempo e durante o câncer, nos abrimos um com o outro de maneiras antes inimagináveis. Enfrentar a morte nos aproximou ainda mais do amor incondicional.

O amor incondicional não é fácil no relacionamento com um parceiro. Estar junto, muitas vezes, implica condições sutis. "Adoro quando você faz X" é uma condição. "Detesto quando você faz Y" é uma condição. No amor incondicional, podemos detestar ou adorar alguma coisa que nosso parceiro faz, mas nosso amor por ele ou ela é constante. A maioria dos pais vive isso com seus filhos. Eu ouço pais dizerem até: "Nem sempre gosto deles, mas sempre os amo." Isso é o amor incondicional.

No nosso relacionamento, há momentos em que Kathy faz coisas que me incomodam, e, é claro, sei que faço coisas que a incomodam. Uma ferramenta simples que aprendi a usar quando sinto raiva dela é me perguntar: "Eu a amo assim mesmo?" Por mais de trinta anos, a resposta tem sido sim. Isso me ajudou, mais do que tudo, a me aproximar de um amor incondicional por ela. O câncer tornou as discussões corriqueiras na nossa vida ainda mais corriqueiras. Realmente não importa se a louça não foi lavada. O que importa é que nós existimos um para o outro.

O amor verdadeiro, que cresce com o tempo, pode não ser apenas uma experiência psicológica, cognitiva; alguma coisa mais profunda e compartilhada acontece. Existe uma literatura científica crescente sobre as interações fisiológicas e energéticas entre as pessoas.

Rollin McCraty, diretor de pesquisa da HeartMath, trabalhou nessa área. Ele começou medindo o campo eletromagnético ao redor de indivíduos em diferentes estados de espírito e demonstrando que existem padrões claros e reproduzíveis de energia eletromagnética que aparecem com os diferentes estados. Se uma pessoa está com raiva ou hostil, há um padrão claro; se a mesma pessoa está num estado amoroso, um padrão bem diferente de energia eletromagnética é criado. Será que conseguimos detectar essas mudanças que irradiam de outra pessoa e reagimos a essa energia? Tudo leva a crer que isso é possível. Já se demonstrou que répteis reagem a mudanças nos campos eletromagnéticos. Eles se aproximam da energia do amor e se afastam da energia da raiva. Não seria tão exagerado acreditar que fazemos a mesma coisa.

Rollin também demonstrou que, quando duas pessoas se tocam, o ritmo cardíaco de uma é detectado no eletroencefalograma da outra, mostrando que o ritmo cardíaco de uma tem o potencial de afetar os padrões de ondas cerebrais da outra. Enquanto escrevo isto, ele está trabalhando num projeto para demonstrar o mesmo efeito entre o ritmo cardíaco de um bebê e as ondas cerebrais da mãe quando eles se tocam.

Linda Russek e Gary Schwartz, da Universidade do Arizona, demonstraram esse efeito em adultos que não estão se tocando. Na experiência deles, dois voluntários se sentam perto um do outro num ambiente eletricamente isolado. Eles conseguem causar alterações no ritmo cardíaco e nas ondas cerebrais um do outro apenas estando próximos.

Nesse estudo, o primeiro efeito foi uma sincronização dos ritmos cardíacos das duas pessoas. Os corações começaram a bater como um só, literalmente. Logo depois, esses indivíduos começaram a provocar mudanças nas ondas cerebrais um do outro. Suas funções cerebrais começaram a encontrar um denominador comum de atividade; essencialmente, os dois passaram a ter uma só mente. Certamente você já deve ter notado esse efeito em casais, com o tempo. Quanto mais tempo passam juntos, dormindo perto um do outro, mais começam a pensar e agir da mesma forma. Portanto, quando abraço Kathy e a amo toda manhã, estou afetando as funções cerebrais e a fisiologia dela. Estamos nos tornando uma única entidade energética, fisiológica e emocionalmente.

O amor pode ser uma experiência energética interpessoal. Podemos até considerar que um casal cria conjuntamente um mundo neuroimaginal como uma só entidade amorosa. Com o conceito da epigenética, pode ser que o amor dos dois altere sua composição genética, e assim esse amor pode ser transmitido aos filhos de forma psicológica, energética e genética, e aos filhos dos filhos também. Você se torna imortal através do amor que gera. Os Beatles podem ter acertado: no fim das contas, o amor que levamos pode ser, de fato, igual ao amor que fazemos.

O amor pode ser um artefato inter-humano neurofisiológico esplendoroso e complexo, mas o mais importante é que o amor da família e dos amigos traz magia e felicidade para nossas vidas. O amor traz a gratidão e o senso da plenitude da vida. O amor é o recheio do sanduíche da vida.

Nosso amor é capaz de perdurar por muitas gerações, mesmo que nós não perduremos, mas, mesmo assim, há momentos que vão fazer falta. Eu estava em paz com grande parte da vida, menos uma coisa.

Cheryl e o namorado dela, Lee, estão juntos há quatro anos. Ela o ama, ele a ama, e Kathy e eu o acolhemos na nossa família. Durante essa jornada, ele ajudou muito Cheryl e também Will. Nos últimos dois anos, imaginávamos que eles fossem se casar, mas talvez não a tempo de eu presenciar isso.

Cheryl é e sempre será minha garotinha, e quero estar presente para ver esse momento de alegria. Quero segurar a mão de Kathy quando nossa filhinha fizer seus votos de amor e compromisso. Consigo imaginar esse momento. Consigo ver minhas lágrimas escorrendo pelo rosto. Quero levá-la até o altar e tê-la em meus braços quando dançarmos, como a tive em meus braços pela primeira vez quando ela nasceu. É um daqueles momentos na vida que uma pessoa não pode perder.

Cheryl e eu estávamos sentados num banco de madeira na praia de Stinson, vendo o sol se pôr. Passei o braço em seus ombros e a apertei um pouco enquanto o sol se escondia atrás das nuvens.

— Sua mãe disse que vocês estavam conversando sobre onde comprar um anel de diamantes. — Tentei controlar minha empolgação.

— Lee acha que não vai saber escolher bem — Cheryl respondeu. — Por isso mamãe e eu vamos escolher.

— Nunca te contei isso, mas a única coisa que eu tinha certeza de que iria lamentar perder, caso morresse logo, era o seu casamento. Não queria afetar a decisão de vocês de se casarem, ou de quando casar.

Eu finalmente dissera a última coisa que ainda não havia sido dita. Conseguindo ou não viver até o casamento, eu estava satisfeito.

Eu a abracei mais forte, e ficamos olhando o sol desaparecendo no oceano.

O amor não faz o mundo girar.
O amor é o que faz a viagem valer a pena.
— Franklin P. Jones

DEZOITO

Viver e Morrer Fora da Caixa

Nós criamos o mundo em que vivemos. Alguns entre nós têm casas grandes e confortáveis, com espaço para crescer, e outros têm apartamentos minúsculos, caixotes que fazem com que nos sintamos pequenos e confinados. Quando era mais jovem, eu vivia numa caixa neuroimaginal de depressão e ansiedade, na qual as pessoas inteligentes viravam médicos ou advogados e os relacionamentos eram como as histórias idealizadas que a TV e o cinema me apresentavam diariamente: pessoas boas recebem coisas boas, o amor é puro e romântico, e os vilões sempre se dão mal no final. Naquela época, acreditava que a vida era só isso. Eu não tinha como ver nada fora dessa visão limitada do mundo. Era a minha verdade.

Enquanto vivia nessa caixa tão pequena, não conseguia imaginar qualquer outro mundo ou outra vida. Reforçava meu mundo limitado me cercando de pessoas que compartilhavam minhas visões, paixões e opiniões. Minha identidade era definida pelo mundo que eu havia criado.

Eu não tinha nenhuma vontade de sair da caixinha onde vivia, porque havia conforto, segurança e sucesso suficientes para me fazer crer que tudo estava bem. Eu inventava justificativas para não poder mudar. Tinha responsabilidades com minha esposa e meus filhos, com meu trabalho. Eu havia investido tantos anos construindo aquela vida e aquela carreira, que o medo da mudança era maior que o desejo de mudar. Manter o *status quo* era o suficiente para ir levando, e eu contava a mim mesmo boas histórias de uma vida bem-sucedida para evitar pensar na mudança. Eu tinha sólidos mecanismos de defesa.

Eu era um médico com esposa, filhos e meu consultório estava indo bem. Tudo deveria estar ótimo, mas uma inquietação começou a crescer dentro de mim. Essa inquietação se tornou ansiedade e insatisfação, e, embora eu não usasse esses termos na época, minha alma começou a me dizer do que eu precisava: um novo eu, um novo mundo, algo maior. Meu desejo de mudar começou a superar o medo da mudança.

Comecei a explorar outras alternativas e perguntar às pessoas sobre suas experiências. As pessoas ao meu redor que mudaram seu mundo me diziam: "Ah, é fácil; eu consegui. E veja como estou feliz agora. Você só precisa..." Pensei que elas simplesmente não entendiam como a mudança iria ser difícil para mim. Eu era um médico bem-sucedido. Elas não viveram a minha vida; elas não eram eu.

Analisando agora, essas pessoas fizeram mudanças substanciais em suas vidas, mas, ao fazê-las, esqueceram como era estar preso num mundo de limitações. Para elas, mudar seu mundo parecia tão fácil, moleza, e algo tão valioso, que elas não agiriam de nenhuma outra forma.

Como médico, vi muitas mulheres desejarem um segundo filho depois de jurarem por tudo o que é mais sagrado, durante o primeiro trabalho de parto, que jamais iriam engravidar de novo. Aí algo mágico acontece — a presença de um lindo bebê, uma descarga de oxitocina (o hormônio da união), o primeiro aniversário, a inegável meiguice de uma criança aprendendo a andar e a falar como que por magia, e a lembrança do doloroso processo do parto desaparece. Elas esquecem o inchaço, a dor, as noites insones e os pontos que levaram. Elas esquecem as dificuldades.

Gerar uma nova vida, rasgar a caixa que nos confina, é praticamente a mesma coisa; a liberdade e expansividade do outro lado fazem você esquecer quão traumático e difícil foi o trabalho de escapar. Hoje não consigo me imaginar vivendo minha antiga vida, mas posso dizer que deixá-la para trás não foi fácil. Não esqueci completamente as dores do parto.

Mas a dor sempre parece nos empurrar, até que a visão começa a nos puxar. Quando estava na casa dos 30, a dor de viver na minha caixinha de ansiedade e depressão finalmente ultrapassou meu desejo de segurança, e eu comecei a arranhar as paredes da caixa que me prendia. Durante anos, eu nem sabia aonde estava indo. Só sabia que meu antigo mundo não era o suficiente. Ataquei a caixa com ferramentas simples: meditação, exercícios, rock'n'roll, amor e terapia. Eu não fazia ideia do que ia encontrar fora das paredes daquela caixa. Só sabia que era doloroso demais continuar vivendo dentro dela. Estava vivendo a vida que deveria viver, mas a minha alma estava murchando.

Assim, continuei arranhando de manhã, de noite, todo santo dia, até que um tênue raio de luz começou a aparecer. A parede ficara fina o suficiente para eu perceber que havia algo fora daquela prisão que eu mesmo havia erguido. Depois que consegui ver aquele pequeno lampejo de esperança, o esforço começou a valer a pena, e a mudança se tornou possível. Inspirado, continuei arranhando.

Depois de anos arranhando e lutando, de introspecção e perturbação nos relacionamentos, a abertura estreita na minha caixinha ficou larga o suficiente para que eu passasse para o outro lado. O que encontrei foi um lugar assustador e desconhecido, onde todas as minhas antigas emoções e ideias viviam, mas acompanhadas por uma nova visão do mundo na qual as ideias e as emoções só faziam parte do momento e não me definiam.

Esse novo mundo no qual entrei, esse novo lar, era um lugar de transcendência, raiva, depressão e alegria, e eu tive que lidar com tudo isso. Não havia nenhum escudo além do amor. De alguma forma, sem ter consciência disso, eu havia criado um novo lar para mim. Era um lugar seguro para crescer e de onde me aventurar para o temível desconhecido. Nesse novo lar, a vida se tornou uma aventura na qual a dificuldade era apenas um lugar no qual mergulhar. Cada vez que eu mergulhava, saía mais forte do que era antes. Eu saía revigorado e renovado.

Essa nova casa que criei mudou, e agora tem muitos quartos. Eu a construí em muitos anos com minhas práticas de meditação, oração, terapia e jornadas espirituais, e ela continua a se expandir.

Esse lar tem um quarto chamado depressão, onde posso ficar depois de lutar para subir a pequena ladeira até a nossa casa, porque meus pulmões, depois da radioterapia, são restos queimados e ásperos do tecido rosado e saudável que já tiveram. Nesse quarto eu me sento, ouço "Late for the Sky", de Jackson Browne, e reconheço tudo o que perdi.

Essa casa tem um quarto chamado raiva, onde a energia frenética do punk me faz esmurrar o ar até que eu desabe, em geral de exaustão, purgando a raiva que sinto daqueles que me magoaram.

Essa casa tem um quarto chamado alegria, onde "People Have the Power", de Patti Smith, toca com o volume no ponto máximo, onde eu rio, pulo e deixo lágrimas de felicidade correrem.

Essa casa tem um quarto chamado amor, onde "God Only Knows", dos Beach Boys, toca 24 horas por dia, onde me sento e apalpo as pétalas da gratidão no meu bolso.

Essa casa tem um quarto onde minha família dança junto "Cruel, Crazy, Beautiful World", de Johnny Clegg, e onde abraço minha filha ouvindo "In The Sun", de Joseph Arthur.

Essa casa tem um quarto chamado paz, onde eu medito, gamelas tibetanas ressoam com seus tons e sobretons doces e harmoniosos, o incenso queima, e o mundo do agora desaparece no silêncio de tudo que é maior que eu.

Essa casa tem um quarto chamado atribulação, onde uma playlist com Springsteen, Stones, Beatles, John Prine, The Replacements, NRBQ e muitos outros são minha bem-vinda trilha sonora para a vida do fazer.

Essa casa tem uma cozinha, onde meus amigos e minha família se reúnem e geram ternura e calor humano. Meu pai canta Sinatra enquanto preparamos sanduíches juntos — muitos pães, muitos recheios, muito amor.

Essa casa tem um quarto chamado morte, onde algum dia — talvez este ano, talvez daqui a cinco anos, talvez quando eu tiver 78 anos — vou me deitar e este corpo vai cessar, e alguma versão de meu "eu" vai finalmente descansar. Mas a música vai continuar tocando.

Eu construí essa casa com prática, experiência e amor. Ela consumiu anos de trabalho. Não existia antes de mim, e pode ser que não continue aqui depois que eu deixar de existir.

Você também pode construir a casa que quiser. Como qualquer obra feita com amor, leva tempo, paciência e prática. Mesmo que o seu tempo só dê para reformar um quarto na casa que você já tem, o esforço é válido.

Se você está confinado dentro de quatro pequenas paredes, é impossível ver o que há lá fora. Quando você estiver dentro de uma caixa de dor, arranhe as paredes. Quando você estiver dentro de uma caixa de depressão, arranhe. Uma caixa de perfeccionismo, arranhe. Uma caixa de autopiedade, arranhe essas paredes como se sua vida dependesse disso. Porque depende. Você pode não saber aonde está indo, ou como vai chegar lá, ou o que vai encontrar do outro lado. Mas, se houver dor, preocupação ou infelicidade, arranhe as paredes que te aprisionam — arranhe com oração, meditação, ioga, exercício, riso, arte, movimento, gratidão, aceitação e amor. Arranhe com o conhecimento de que a vida é muito mais do que imaginamos que ela seja. A morte é muito mais do que imaginamos que ela seja. E viver, amar e ser vão muito além daquilo que pode ser visto de dentro do nosso mundinho emparedado. Se você decide não fazer isso, não pode culpar mais ninguém.

Conheço muitos pacientes e amigos que usaram esses dons simples para se afastar de parceiros abusivos, de famílias viciadas e da pobreza e começar uma nova vida. E conheço muitos que usaram esses dons simples para encarar a morte e superar o medo. Alguns os chamam de incríveis. Eu os chamo de persistentes. A dor de continuar onde estavam, em algum momento, superou o medo de partir. Suas almas exigiram ser ouvidas, e eles atenderam ao chamado. Como eu fiz.

Todos temos essa capacidade, todos podemos aprender a usar as ferramentas necessárias, e todos temos Deus ou o Espírito e o xamã dentro de nós. Só precisamos começar com a prática, arranhando o velho mundo neuroimaginal que criamos, e construir um novo lar para nós.

Patti Smith tinha razão. As pessoas têm mesmo o poder.

Encarar minha mortalidade, a quimioterapia, a radioterapia, e especialmente a incapacidade de ajudar os que eu amo tornou este período o mais desafiador da minha vida até agora, mas, ao mesmo tempo, senti mais gratidão, mais liberdade, paz e vida do que jamais senti.

Um dia você vai encarar sua própria mortalidade. Nesse momento, espero que você veja que sua vida foi bem vivida, que você não tem arrependimentos, e que amou bem. Espero que esse dia, para você, tenha se tornado um bom dia para morrer.

SOBRE O AUTOR

O médico Lee Lipsenthal foi um líder, professor e autor internacionalmente reconhecido nas áreas da medicina integrativa e do bem-estar profissional na medicina. Ele foi diretor médico, com Dean Ornish, do Instituto de Pesquisa da Medicina Preventiva em Sausalito, Califórnia, por dez anos, e também presidente da Comissão Americana de Medicina Holística Integrativa e do Comitê de Bem-Estar Profissional da Associação Médica Americana. Durante seus anos na profissão médica, o dr. Lipsenthal observou que a saúde, o moral e a satisfação profissional de muitos médicos muitas vezes eram piores que de seus pacientes. Inspirado por suas experiências pessoais e profissionais, ele desenvolveu o programa "Encontrando Equilíbrio na Vida Médica", que foi adotado por grandes grupos de medicina e está sendo ministrado em escolas médicas e programas de residência por todo o país. Lee Lipsenthal faleceu em 20 de setembro de 2011, deixando um casal de filhos e a esposa, Kathy, que também é médica.

Conheça mais sobre nossos livros e autores no site
www.objetiva.com.br
Disque-Objetiva: (21) 2233-1388

Este livro foi impresso na
LIS GRÁFICA E EDITORA LTDA.
Rua Felício Antônio Alves, 370 – Bonsucesso
CEP 07175-450 – Guarulhos – SP
Fone: (11) 3382-0777 – Fax: (11) 3382-0778
lisgrafica@lisgrafica.com.br – www.lisgrafica.com.br